*Broder les saisons*

*À Madame Noël,*
*et à toutes les passionnées d'ouvrages à broder grâce à qui cette tradition*
*de la Maison Noël garde aujourd'hui toute sa vitalité...*

Les broderies des pages 12, 18, 24, 26, 28, 58, 60, 64, 82, 84, 96, 98 ont été réalisées par des amateurs.

Adeline Dieudonné & Martine Roy

# *Broder les saisons*

*Photographies de Louis Gaillard*

# *Remerciements*

Nous tenons à remercier tous ceux qui ont participé à la réalisation de cet ouvrage :

Avant tout notre éditrice pour son enthousiasme à faire naître un projet

et pour le plaisir que nous avons eu à nous y associer.

Louis Gaillard qui a su faire vivre les broderies avec éclat.

Patrick Divert pour le choix des fleurs accompagnant les nappes.

Abracadabra pour les accessoires de broderie anciens.

Marie Lavande pour le repassage des nappes.

Huguette Weill pour ses aquarelles de charme comme de précision.

Alexandra Metz pour ses illustrations dignes d'un graveur.

Françoise Gacon pour l'art des mots et sa science de l'édition.





ISBN : 2-84229-020-8
Code éditeur : I00020

Arts d'intérieurs-Armand Colin - 12, avenue d'Italie - 75013 Paris

# *Sommaire*

# *Introduction*

Depuis 1883, la Maison Noël crée des motifs de broderie destinés à décorer le linge des maisons les plus raffinées. Cela représente près de treize mille merveilleux dessins, soigneusement répertoriés, jour après jour, commande après commande, depuis plus d'un siècle. Fleurs, fruits, feuillages, nature exubérante ou discrète, toujours harmonieusement mis en scène, ponctuent les pages des lourds documents d'archives à la reliure noire, souvent lustrée par les traces des mains qui les ont maintes fois ouverts avec respect ; archives précieuses au cœur de notre Maison.

Aujourd'hui, Martine Roy, l'auteur de ce livre, continue d'écrire l'histoire de Noël : elle dessine chaque nappe qui sort de notre Maison, celles que nous brodons dans nos ateliers comme celles que nous préparons pour les ouvrages signés Noël. Elle vous fait partager le savoir-faire qui vous permettra d'exécuter les réalisations que nous présentons ici.

Pour le choix des modèles proposés, nous nous sommes naturellement laissé guider par le rythme des saisons, sélectionnant parmi nos collections chacun de ces dessins si réalistes, parfois, que l'on aurait envie de les cueillir comme en se promenant dans un jardin extraordinaire : branches de mimosa, roses sublimes, gerbes de delphiniums, brassées de zinnias, oranges ou citrons, guirlandes de lierre…

Puis, nous nous sommes attachées à vous donner tous les conseils nécessaires à la réussite de vos ouvrages. Débutante ou brodeuse confirmée, vous trouverez les réponses à toutes vos questions pratiques : comment préparer, dessiner, broder, finir un drap, une taie d'oreiller, un set de table, un coussin, une nappe… Tout est dit clairement, simplement, précisément et démontré à l'aide de dessins aquarellés. Chaque point de broderie est expliqué, chaque motif est présenté dans son intégralité. De plus, un grand nombre d'entre eux sont adaptés à différentes compositions, fidèlement illustrées.

Enfin, notre conseil le plus précieux est sans doute celui-ci : la broderie peut être un art, mais ce doit être avant tout un réel plaisir que nous sommes heureuses de partager avec vous tout au long de ces pages.

Adeline Dieudonné

# *Printemps*

# *La rose*

La Maison Noël a toujours interprété la rose en « grand classique », et l'a déclinée dans les tonalités des porcelaines sur les nappes ou, comme ici, sur les sets de table. C'est le dessin de la fleur déjà éclose qui encadre l'assiette, tandis qu'un jeune bouton orne la serviette.

Parfait exemple de la peinture à l'aiguille où le sens des points donne toute sa vie au sujet, cette rose est brodée au passé empiétant avec un brin de coton Mouliné Spécial DMC dans les coloris 3688 et 3689 pour la fleur, 504 et 503 pour la tige et les feuilles dont les nervures sont rehaussées d'un peu d'or.

Des roses jaunes peuvent être brodées dans les coloris 743, 744 et 745 pour la fleur, 368 et 320 pour le feuillage. Si vous choisissez une mise en scène plus théâtrale, brodez des roses rouges dans le coloris 326 rehaussé d'or, et faites les tiges et les feuilles tout en or avec un léger point de reprise.

*Voir les poncés du set et de la serviette pages 110 et 111.*
*Pour la réalisation des ouvrages voir page 161.*

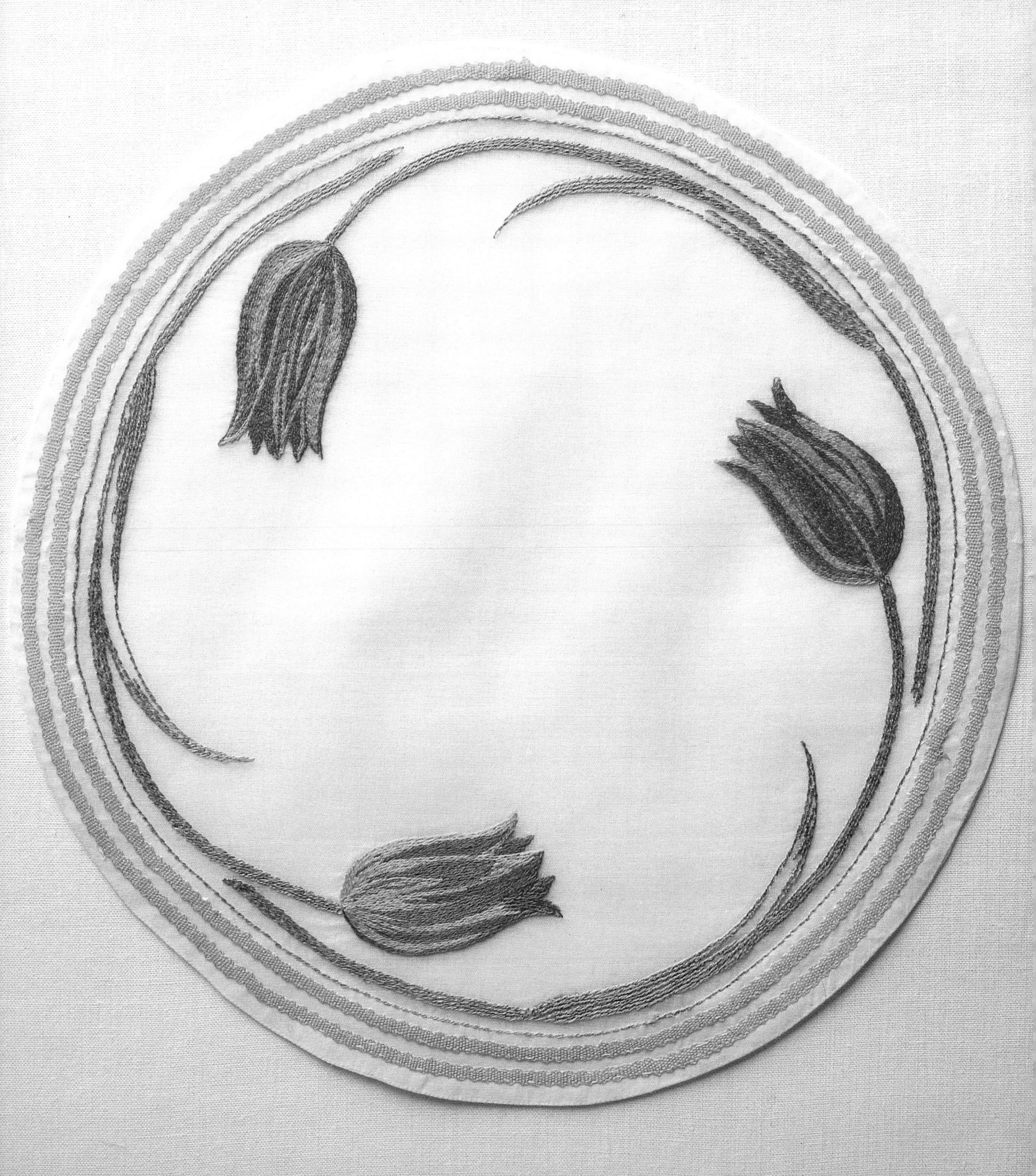

# *La tulipe*

La tulipe est présentée ici en fond de corbeille d'organdi. Le montage du faux ourlet est agrémenté de petits galons. La broderie est faite à fins points de tige, côte à côte, avec un brin de Mouliné Spécial DMC. Vous aurez grand plaisir à mélanger les couleurs à votre goût. Celles qui ont été utilisées sont les tons 727, 971, 946 et 783 pour les fleurs, 368 pour les tiges et les feuilles.

Le dessin pourra en être agrandi à la photocopieuse jusqu'à faire des sous-assiettes. Nous présentons aussi page 113 un autre dessin pour un set de table ou un dessus de plateau. Vous pouvez isoler le dessin des tulipes qui s'y trouve et le répéter en frise sur un revers de drap, ou sur des taies d'oreiller que vous broderez aussi bien dans des tons naturels que de façon plus sobre en un seul ton.

*Voir les poncés du fond de corbeille et du fond de plateau pages 112 et 113.*
*Pour la réalisation des ouvrages voir page 161.*

# *L'églantine*

La bordure particulièrement étudiée sur ce fond de plateau, et dessinée d'après un document ancien, lui apporte une finition raffinée. Elle est brodée au point de reprise avec deux brins de Mouliné Spécial DMC, dans tous les tons de rose utilisés pour la broderie des fleurs. L'ourlet est rabattu à la forme de la bordure, comme cela est expliqué page 185. Vous pouvez adapter ce dessin sur tout autre modèle de set de table, ou l'utiliser seul en jouant sur les contrastes de couleur entre le tissu et la broderie.

Les fleurs d'églantine sont brodées au passé empiétant avec un brin de Mouliné dans les tons 818, 819, 3326 et 899. Le feuillage est brodé de la même façon dans les tons 369 et 368. Quelques points d'or çà et là ajoutent un peu de lumière et de raffinement.

*Voir le poncé du fond de plateau pages 114 et 115.*
*Pour la réalisation des ouvrages voir page 161.*

# *Mimosa*

Véritable symbole de la Maison Noël, le mimosa a été décliné pendant des décennies sur toutes les matières, le lin ou l'organdi en particulier, pour créer des nappes fraîches ou somptueuses.

Brodé à sa création avec le fameux « noué Noël », point de nœud présent dans tous les documents des années 1900 à 1935 environ, il est réalisé ici au passé empiétant avec un brin de Mouliné Spécial DMC pour les boules, au point de tige et au point lancé pour le feuillage. Les tons utilisés sur le set sont 744, 745, 746, 504 et or. Nous proposons une autre variante, la serviette présentée ci-contre, brodée en 444, 307, 445, or et 704. Comme la plupart de nos sets et serviettes actuellement, l'ourlet de deux centimètres est simplement terminé par un élégant point de Paris.

Vous trouverez page suivante la photographie d'une broderie au point de nœud, parfaitement exécutée par l'une de nos clientes. Nous vous donnons également des conseils d'utilisation du dessin pour une nappe, un drap et sa taie, et pour un petit coussin de lecture.

*Voir les poncés du set et de la serviette pages 116 et 117.*
*Pour la réalisation des ouvrages voir page 161.*

## *Le drap*

Placer les branches du set en symétrie sur le revers. Le bas du dessin est à 4 cm de l'ourlet. Le motif central permet d'encadrer joliment un monogramme.
Le dessin peut être augmenté d'une branche de chaque côté, après avoir redressé légèrement les branches intermédiaires.

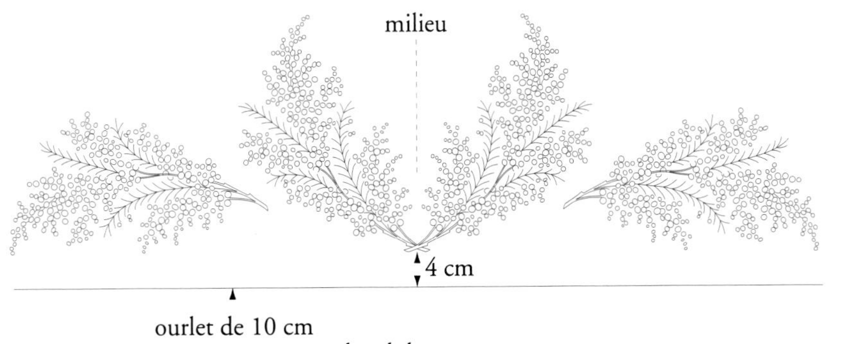


## *La taie*

Placer le dessin de la serviette en angle à 7 cm des ourlets.
La légèreté du dessin permet d'utiliser deux branches en vis-à-vis.

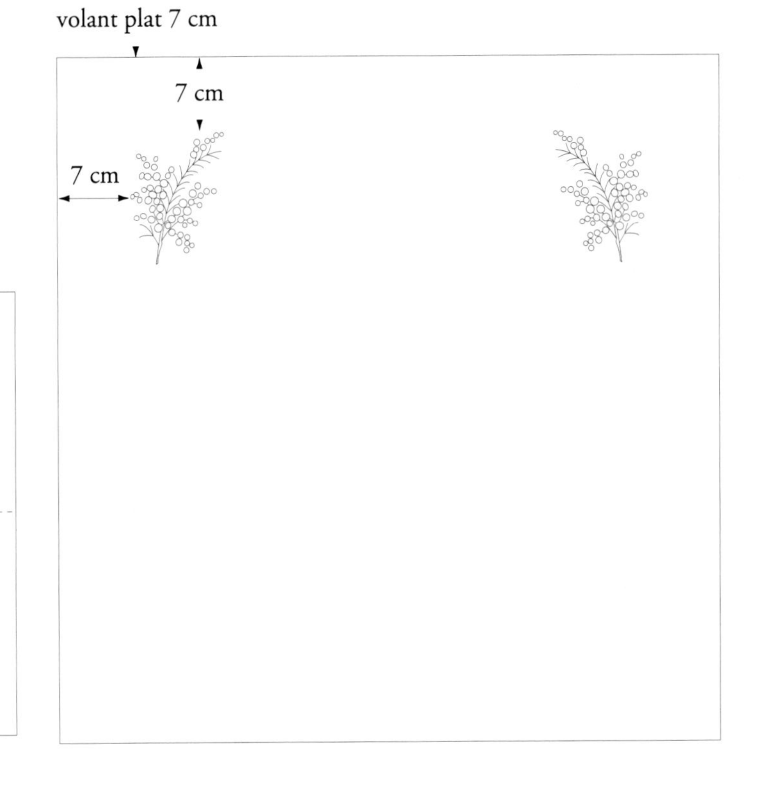


## *Le coussin de lecture*

Taie pour un coussin de 30 cm de hauteur et de 40 cm de largeur, avec un volant de 6 cm. Coucher la branche du set en travers de la taie.

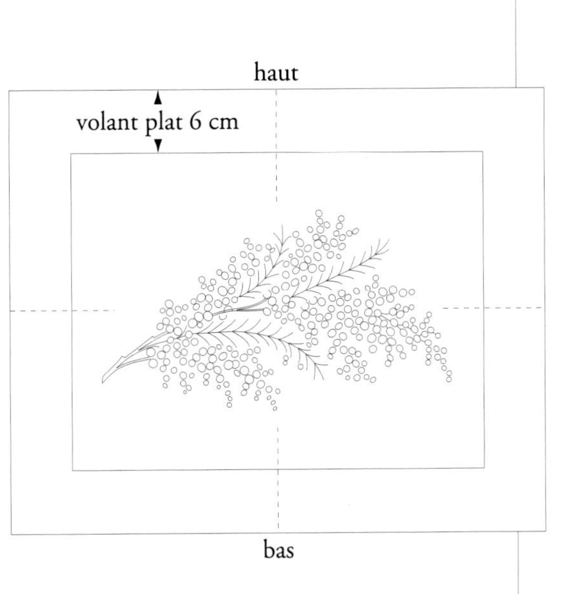


## *La nappe rectangulaire*

Utiliser les branches du set en symétrie pour une composition en forme de losange. Le nombre de branches sera déterminé par la longueur de la table. Cette composition mesure 107 x 41 cm. Pour le bon équilibre du dessin, quelques grains sont supprimés aux deux extrémités.

# *Fleurs de pommier*

Cette branche de fleurs de pommier, évocatrice des décors d'Extrême-Orient, offre plusieurs possibilités de couleurs. La finesse du dessin nous fait préférer une grande unité de tons : tout blanc rehaussé d'or, camaïeux de céladon, ou dégradés de rose.

La broderie se fait au passé empiétant avec un brin de Mouliné Spécial DMC. Vous voyez ici une version en 3713, 760, 761 avec quelques touches de blanc et de l'or dans les cœurs.

Présenté ci-contre avec un ourlet classique au point de Paris, nous proposons aussi ce set avec une bordure qui lui est propre, et dont vous trouverez le dessin page 118. Vous la broderez au passé plat ou à petits points de tige.

Nous vous suggérons page 23 de reprendre ce dessin au centre d'une nappe à thé, que vous pourrez également habiller du même motif de bordure à l'ourlet.

*Voir les poncés du set et de la serviette pages 118 et 119.*
*Pour la réalisation des ouvrages voir page 161.*

### *La nappe à thé*

Placer deux branches du set en vis-à-vis, au centre d'une nappe d'environ 1,20 m de côté.

Ajouter le dessin de serviette dans les quatre angles. Utiliser le dessin de bordure (petit côté du set) en le répétant tout autour de la nappe. L'ourlet de 7 à 8 cm est rabattu à la forme du dessin.

# *Les fougères*

Voici trois variations sur le thème indémodable des fougères. Tous les tons sont possibles pour les broder, tant les formes sont évocatrices d'élégance aussi bien que de naturel.

Présentée ci-contre sur un set de table en lin vert avec un ourlet plus foncé, la branche est faite dans les mêmes tons au point de bouclette, avec deux brins de Mouliné Spécial DMC 3815, 3816 et 3817. Les tiges sont réalisées au point de reprise à deux fils. Vous trouverez page 27 la façon de répéter la branche en centre de table.

Le cœur, page 28, a été brodé avec le Mouliné dégradé 48. Amateur passionné, sa réalisatrice a choisi avec soin le placement des couleurs. Chaque pétale comprend deux points de bouclette à un fil. Les nervures sont faites au point de tige.

Les petites fougères en semis de la page 30 sont brodées au point de tige à un fil dans les tons 504 pour les crosses, 3813 et 3816 pour les feuilles, or pour les tiges. Vous pouvez aussi les broder de façon plus simple à grands points lancés à six fils. Cette dernière technique ainsi que celle du point de bouclette sont faciles et rapides. Elles encourageront les débutantes et détendront les perfectionnistes !

*Voir les poncés du set et de la serviette pages 120 et 121, du cœur et des petites fougères pages 122 et 123.*
*Pour la réalisation des ouvrages voir page 161.*

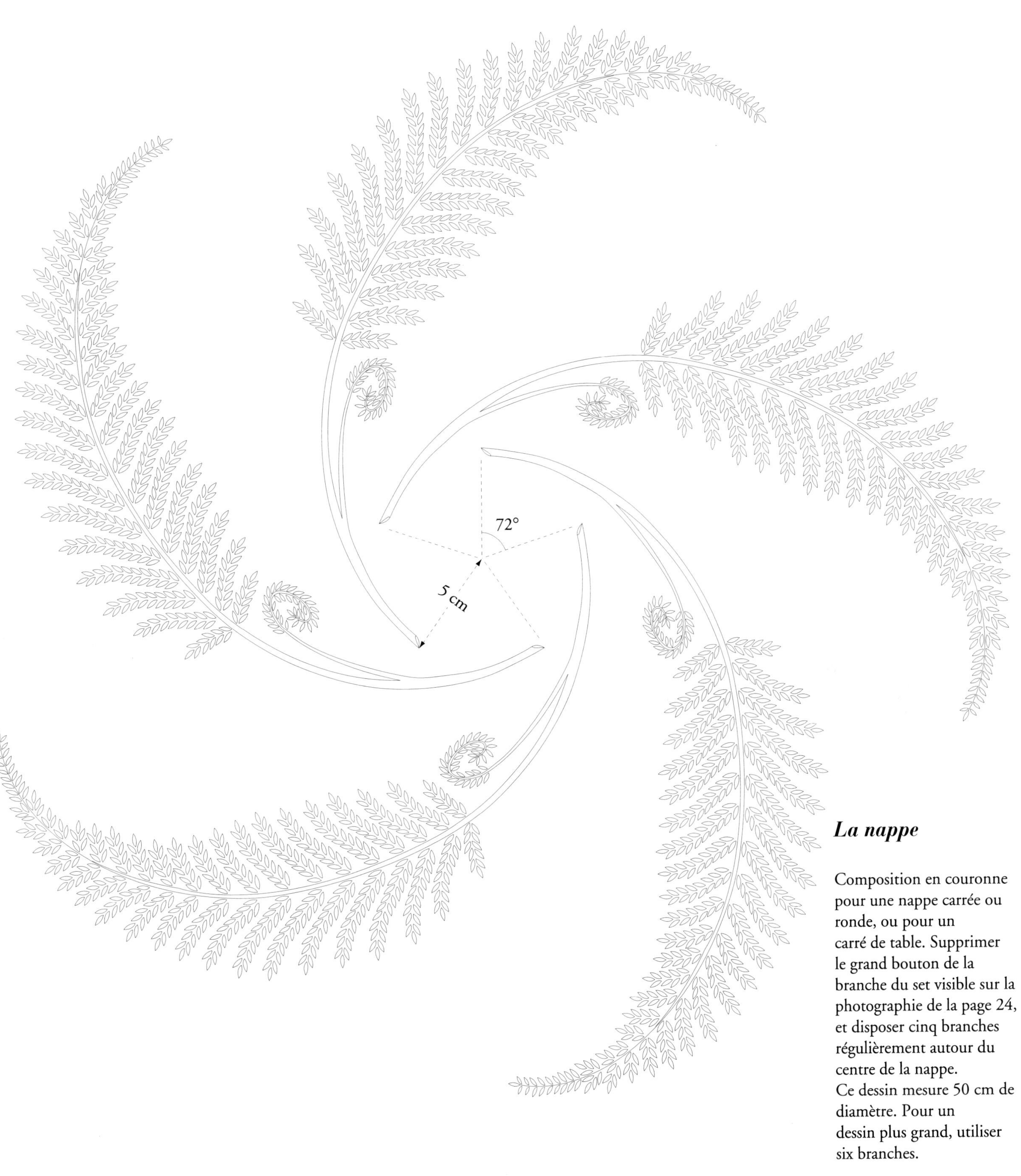


## *La nappe*

Composition en couronne pour une nappe carrée ou ronde, ou pour un carré de table. Supprimer le grand bouton de la branche du set visible sur la photographie de la page 24, et disposer cinq branches régulièrement autour du centre de la nappe.
Ce dessin mesure 50 cm de diamètre. Pour un dessin plus grand, utiliser six branches.

Patricia

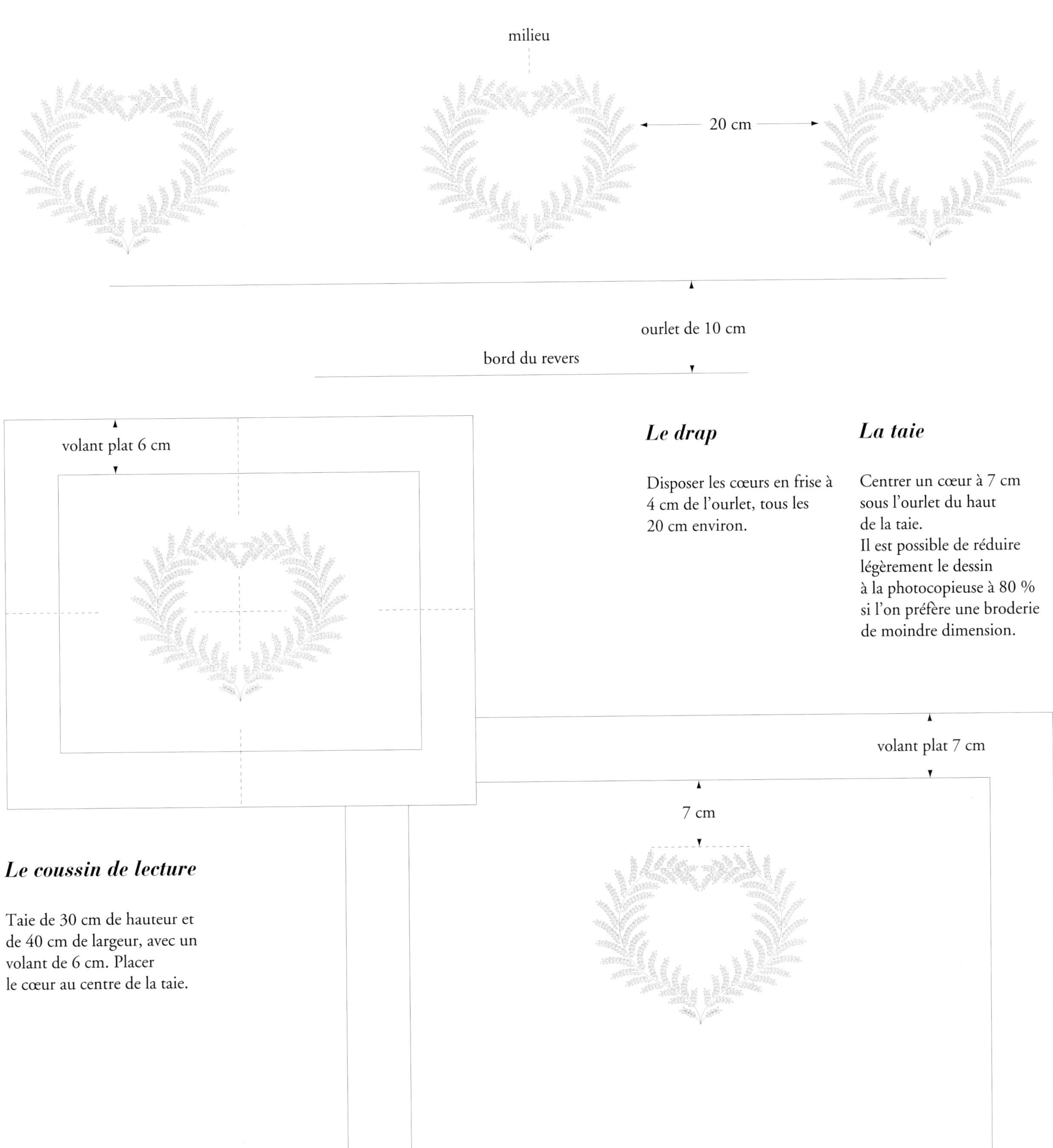


### *Le drap*

Disposer les cœurs en frise à 4 cm de l'ourlet, tous les 20 cm environ.

### *La taie*

Centrer un cœur à 7 cm sous l'ourlet du haut de la taie.
Il est possible de réduire légèrement le dessin à la photocopieuse à 80 % si l'on préfère une broderie de moindre dimension.

### *Le coussin de lecture*

Taie de 30 cm de hauteur et de 40 cm de largeur, avec un volant de 6 cm. Placer le cœur au centre de la taie.

### *La nappe à thé*

Pour cette nappe de 1,20 x 1,20 m, disposer des bouquets doubles en centre de table et des bouquets simples dans chaque angle.

Reprendre le dessin de bordure agrandi à 200 % avec six accolades pour un ourlet de 6 cm.

### *Le carré de table*

Pour le carré de table de 1,60 x 1,60 m, reprendre la même disposition. La bordure comporte neuf accolades pour un ourlet de 8 cm.

# *Été*

# *Géranium*

Le géranium, thème éclatant de l'été, est présenté ici dans ses deux tonalités les plus naturelles. En haut à gauche, la version rose est brodée au passé empiétant à un brin de Mouliné Spécial DMC dans les tons 3350, 962, 961 et 3354 pour les fleurs, 368 et 369 pour les tiges et les feuilles. En bas à droite, la version rouge est brodée dans les tons 350, 351 et 352 avec les verts 906 et 907.

Nous vous proposons deux dessins de géranium : la branche du set de table ci-contre, et une branche plus grande à utiliser sur une nappe selon les illustrations de la page 37.

Vous pouvez également broder les géraniums au point de reprise très fin à un fil. Le résultat est ravissant sur les tissus légers, comme la mousseline de coton ou l'organdi. Vous choisirez dans ce cas des tons très doux, avec des points de couleur plus vive soulignant quelques pétales.

*Voir les poncés du set et de la serviette pages 124 et 125, de la nappe pages 126 et 127.*
*Pour la réalisation des ouvrages voir page 161.*

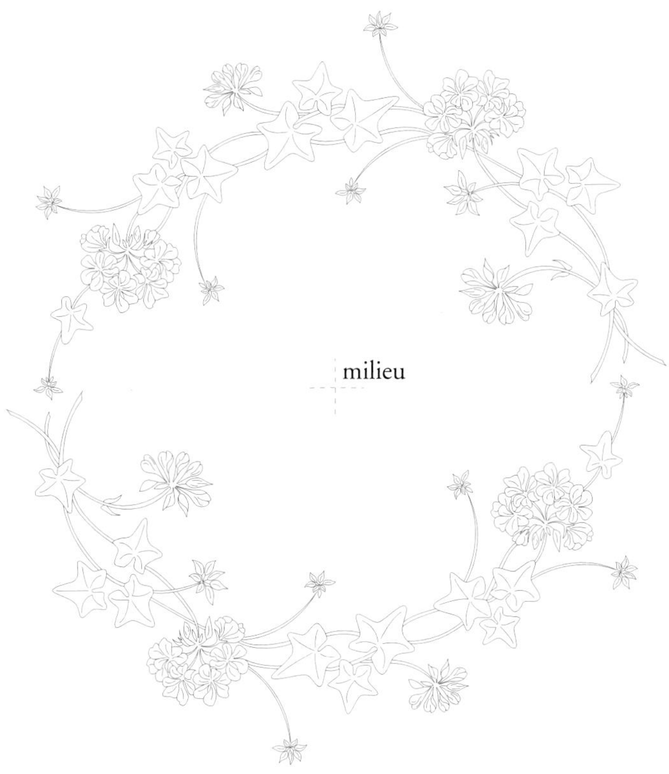


## *La petite nappe*

Nappe à thé, carré de table ou nappe traditionnelle pour une table d'un diamètre inférieur à 1,30 m mettront en valeur la couronne de deux branches d'un diamètre de 55 cm.

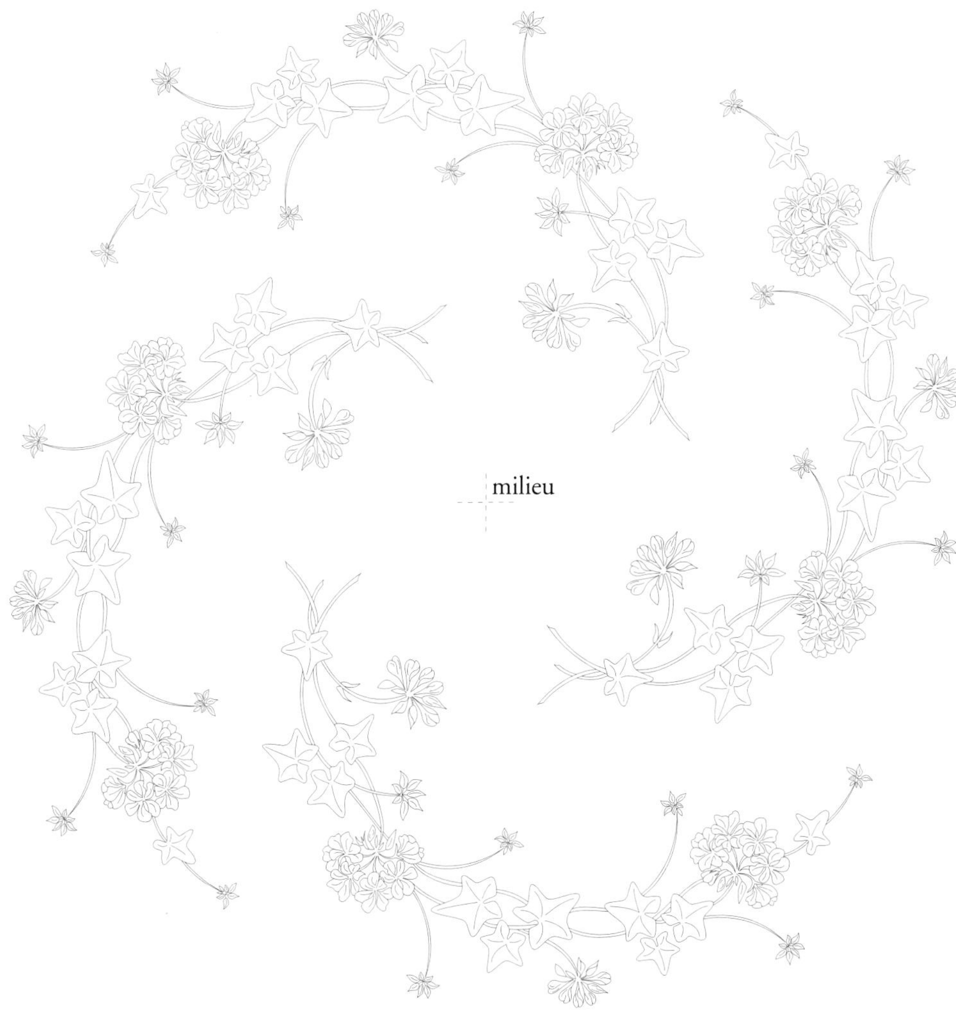


## *La grande nappe*

Pour une nappe ronde de plus grand diamètre, la composition en quatre branches de 75 cm de diamètre remplit harmonieusement l'espace.

# *Delphinium*

Le delphinium est lui aussi un de nos grands classiques. Présenté sous forme de gerbes, de grands bouquets noués d'un ruban ou de compositions en éventail de toutes dimensions, il apporte aux nappes à la fois l'élégance et le charme. Pour broder au passé empiétant cette version contemporaine du set de table, vous utiliserez un brin de Mouliné Spécial DMC dans les coloris bleus 799, 798 et 797, jaune 744, verts 3817 et 3816.

La nappe présentée page 41 est brodée au point d'ombre à un fil, en bleu dégradé 121. Les cœurs sont réalisés au point lancé en jaune 3078, les feuilles et les tiges au point de reprise très léger en vert 504.

La disposition des branches encadre joliment chaque couvert sur une table ronde pour six personnes. La nappe en organdi est terminée par un volant froncé, monté avec des petits galons choisis dans les couleurs de la broderie.

*Voir les poncés d'une double branche et de la serviette pages 128 et 129.*
*Pour la réalisation des ouvrages voir page 161.*

## *La nappe*

Cette superbe composition pour une table ronde de 1,10 m à 1,30 m de diamètre permet de recevoir six couverts. Les assiettes trouvent leur place entre les branches et sont ainsi enchâssées dans la broderie.

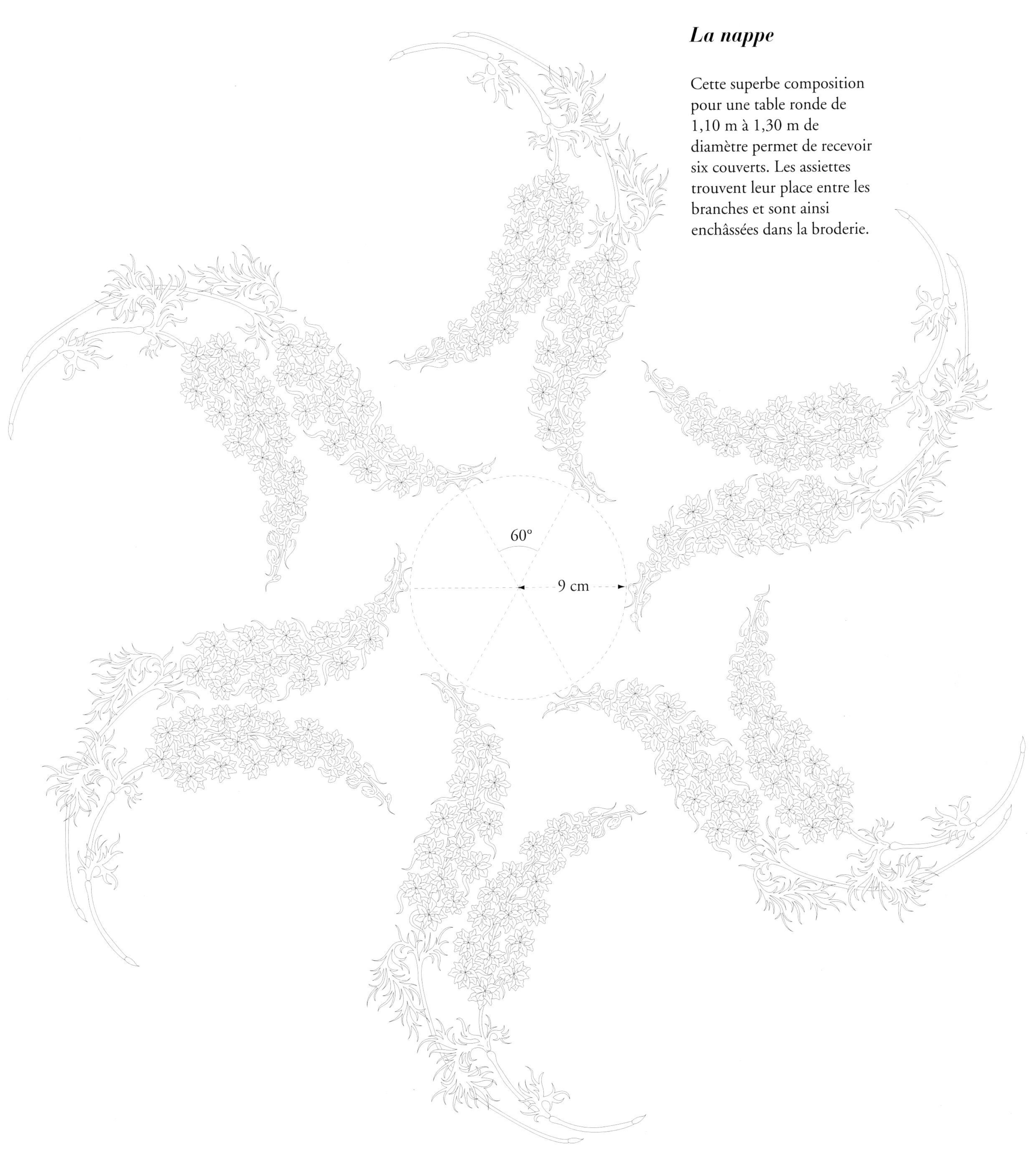

# *Les cerises*

La fraîcheur et la gaieté s'expriment très librement dans ces petites branches de cerisier, que vous pourrez disposer de façon informelle sur des sets de table ou des nappes.

Pour un mélange vivant des couleurs et un beau relief, donnez la préférence au passé empiétant que vous broderez avec un brin de Mouliné Spécial DMC, dans les tons 666, 817, 304 et 814 pour les fruits. Vous les piquerez de quelques points en blanc faisant jouer la lumière. Les feuilles sont brodées en 3347 et 3348, et les tiges en 3047.

Vous pourrez aussi égayer une cuisine en brodant ces motifs de cerises sur des torchons ou des rideaux.

*Voir les poncés des bouquets page 130.*
*Pour la réalisation des ouvrages voir page 161.*

# *Hortensia*

La fleur d'hortensia fait partie des tout premiers thèmes de dessins d'après nature, apparus dans les créations de la Maison Noël après la vogue des broderies Richelieu du début du siècle. Sa forme a évolué au cours des années pour devenir cette grosse fleur fraîche et pleine.

Elle vous est présentée ci-contre sur un fond de plateau en organdi, brodée au point d'ombre avec un brin de Mouliné Spécial DMC bleu dégradé 93. Les cœurs sont brodés au plumetis en jaune 307, et les feuilles au point de tige à deux fils sur leur contour.

Vous pouvez, bien sûr, broder l'hortensia au passé empiétant avec un fil. Vous remplirez alors les feuilles complètement. Nous vous suggérons page 47 comment le disposer sur une parure de lit et un petit coussin de lecture.

*Voir le poncé du fond de plateau page 131.*
*Pour la réalisation des ouvrages voir page 161.*

## *Le drap*

Placer les hortensias en triangle, les plus bas à 4 cm de l'ourlet, celui du centre à 11 cm. Pour un très grand lit disposer cinq hortensias, celui du centre et ceux des côtés à 4 cm de l'ourlet et les deux intermédiaires à 11 cm.

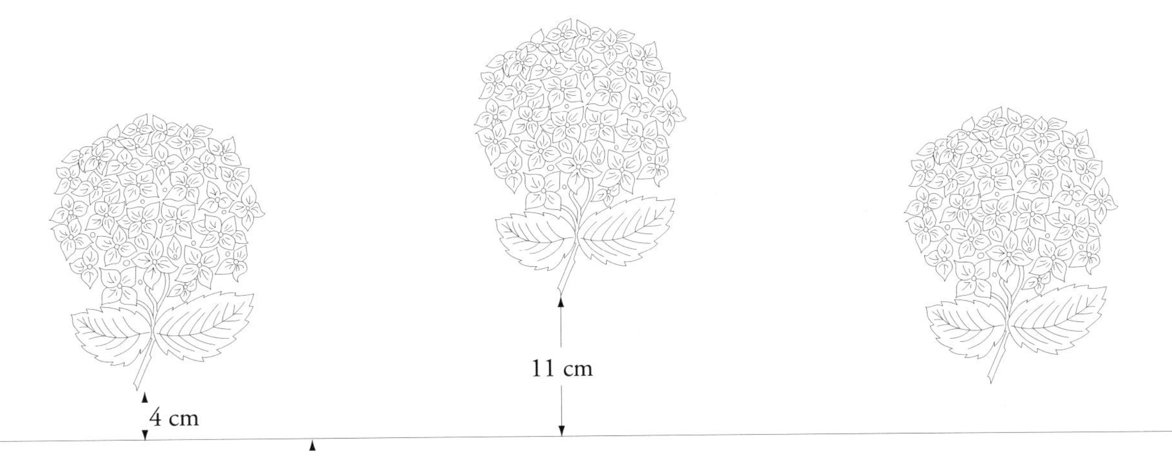


## *La taie*

Utiliser un hortensia soit en angle, soit au milieu. Réserver toujours un espace de 7 cm entre le dessin et l'ourlet. Il est possible de réduire le dessin à la photocopieuse à 80 %.

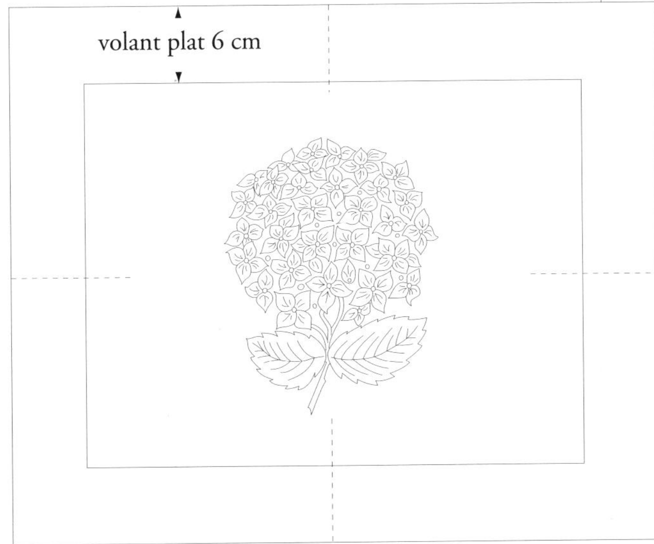


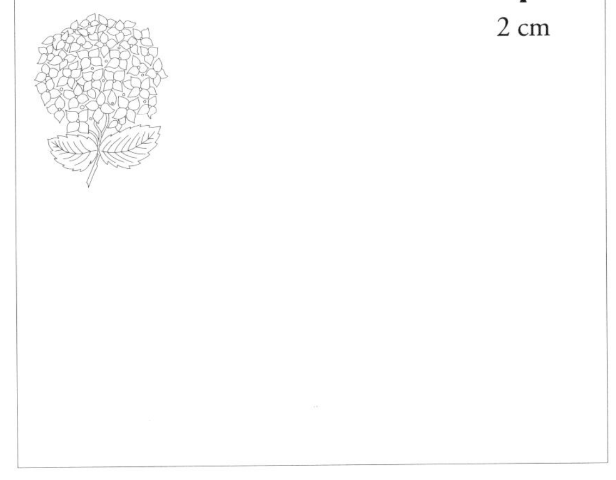

## *Le coussin de lecture*

Pour une taie de 40 cm de largeur et de 30 cm de hauteur avec un volant de 6 cm, placer l'hortensia au centre sans le réduire.

## *Le set de table*

Sur un set de table d'environ 38 x 50 cm avec un ourlet de 2 cm, placer le dessin réduit à 70 % dans l'angle en haut à gauche, à 1,5 cm des ourlets.

# *Lys et chardon*

Le lys et le chardon, aux images et aux symboles si différents, s'associent superbement sur des sets de table ou sur des nappes de toutes formes et de toutes couleurs. Pureté et pérennité, sophistication et rusticité se conjuguent dans une même élégance.

Les chardons se prêtent à toutes les recherches de couleurs, même les plus inattendues telles que paille, anis, turquoise, corail, lavande et même chocolat. Vous les voyez ici brodés au passé empiétant avec un brin de Mouliné Spécial DMC 793 au point de tige or très fin pour les barbes et les reliefs. Les autres couleurs présentées page suivante sont le vert 368 et le corail 3328. Les lys restent blancs avec les pistils or, et sont brodés en écru avec le chardon corail. Si l'on utilise les chardons seuls, les feuilles et les tiges peuvent aussi se broder au point de reprise à deux fils. Les lys, de leur côté, pourront également être très beaux si vous les brodez à fins points de tige rapprochés comme les tulipes de la page 12.

*Voir les poncés du set et de la serviette pages 132 et 133.*
*Pour la réalisation des ouvrages voir page 161.*

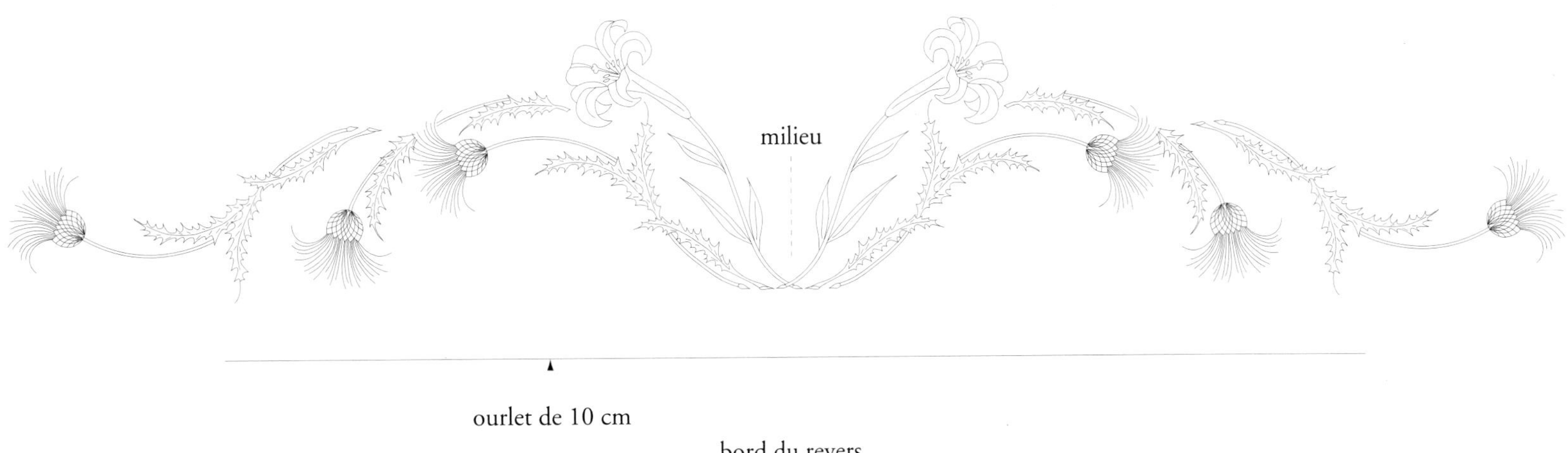


## *Le drap*

Ce dessin se compose de deux branches du set placées en symétrie, prolongées par la branche de chardon située sous le lys opposé. L'espace entre les lys permet de personnaliser le drap d'un monogramme.

## *La taie*

Le dessin est placé dans un seul angle à 7 cm des ourlets. Les chardons se diposent en vis-à-vis pour une parure de deux taies.

volant plat 7 cm

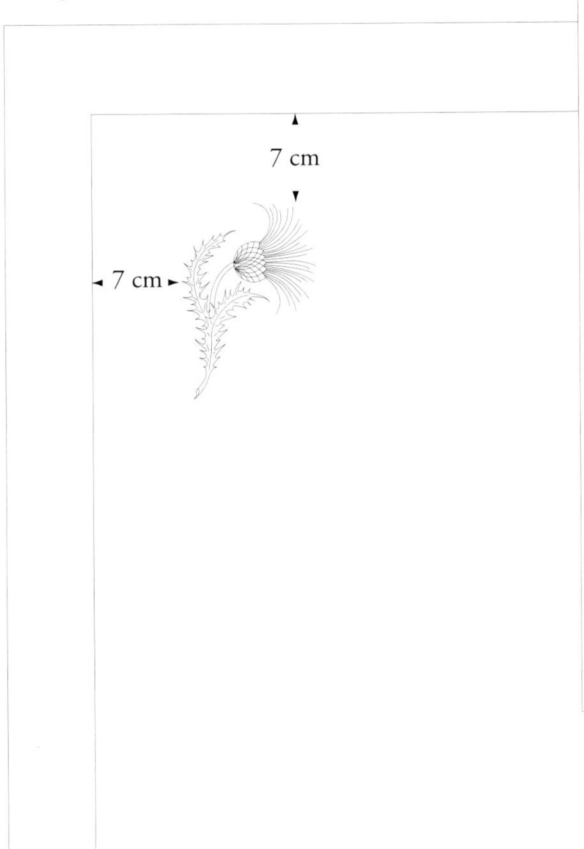

7 cm

7 cm

# *Le blé*

Thème de la Maison Noël traité dans le plus grand nombre de variations, le blé existe en multiples compositions de toutes formes et de toutes dimensions, du plus petit dessous de verre à la nappe pour banquet de quarante-deux couverts. Brodé traditionnellement en écru, mordoré ou blanc et or sur de la toile blanche, en vert sur de la toile rose, il est amusant à exécuter grâce à la variété des points employés.

Vous broderez les tiges au passé plat ou, pour plus de souplesse, au point de reprise à un ou deux brins de Mouliné Spécial DMC. Les barbes sont réalisées au point de tige à un fil et les grains au point de poste à un fil.

Le dessin en rosace proposé pages 134 et 135 permet un joli centre de table à utiliser aussi bien sur une table ronde que sur une table rectangulaire.

*Voir le poncé de la demi-rosace pages 134 et 135.*
*Pour la réalisation des ouvrages voir page 161.*

# *La marguerite*

Cette branche de marguerites, aux couleurs de gerberas, se prête à de nombreuses compositions sur des nappes et des draps. Vous relèverez ce dessin sur un calque, afin de pouvoir le photocopier ensuite dans les deux sens et le placer au besoin en symétrie. Les illustrations de la page 57 vous indiquent comment l'utiliser sur un drap et sur une taie. La broderie est effectuée au passé plat à deux brins de Mouliné Spécial DMC. Les points se font dans le biais du dessin afin d'obtenir un joli relief. Les cœurs sont brodés au point de nœud.

Les coloris utilisés sont 352, 754 et 744 pour les pétales, blanc pour les cœurs, 368 et 369 pour les tiges et les feuilles.

Vous pouvez aussi broder les marguerites très naturelles en tout blanc avec le cœur jaune d'or 725.

Pour un drap, brodez toutes les fleurs de la même couleur, ou en tons dégradés de rose ou de bleu.

*Voir le poncé de la branche pages 136 et 137.*
*Pour la réalisation des ouvrages voir page 161.*

ourlet de 10 cm

bord du revers

## *Le drap*

Disposer les branches face à face en symétrie, et les incliner de façon différente pour donner de la vie à l'ensemble. Placer le bas des tiges à 4 cm de l'ourlet.

## *La taie*

Placer une seule grosse marguerite dans un angle à 7 cm des ourlets.

volant plat 7 cm

7 cm

7 cm

# *Les chardons*

Cette adaptation des têtes de chardons au point de croix permet de concilier la facilité et la rapidité de la broderie au charme suggestif du dessin.

Voici un set de table en forme de coquille, comme il en existe de nombreuses propositions dans nos archives. C'est une jolie forme, en particulier sur les tables rondes et ovales qui supportent mal des sets rectangulaires.

La broderie se fait à trois fils de Mouliné Spécial DMC ou à un fil de Broder Spécial 25 de DMC. Elle est exécutée ici en rose pâle 819 sur du lin bleu outremer. La couronne pour le centre de table de la page suivante est brodée dans les bleus 322, 334, 3755 et 3325 sur du lin blanc. Œuvre d'une « jeune » brodeuse octogénaire, c'est la première broderie réalisée par cette cliente devenue enthousiaste.

Toutes les couleurs, même les plus éloignées de la réalité, se prêtent aux dessins traités au point de croix. Le travail en camaïeu donne la plus belle réalisation.

Dans les différentes versions de points de croix brodés par nos clientes, nous avons vu des fraises bleues, du lierre rouge, des géraniums bruns... Tout était joli !

*Voir les poncés du set et de la nappe pages 138 et 139.*
*Pour la réalisation des ouvrages voir page 161.*

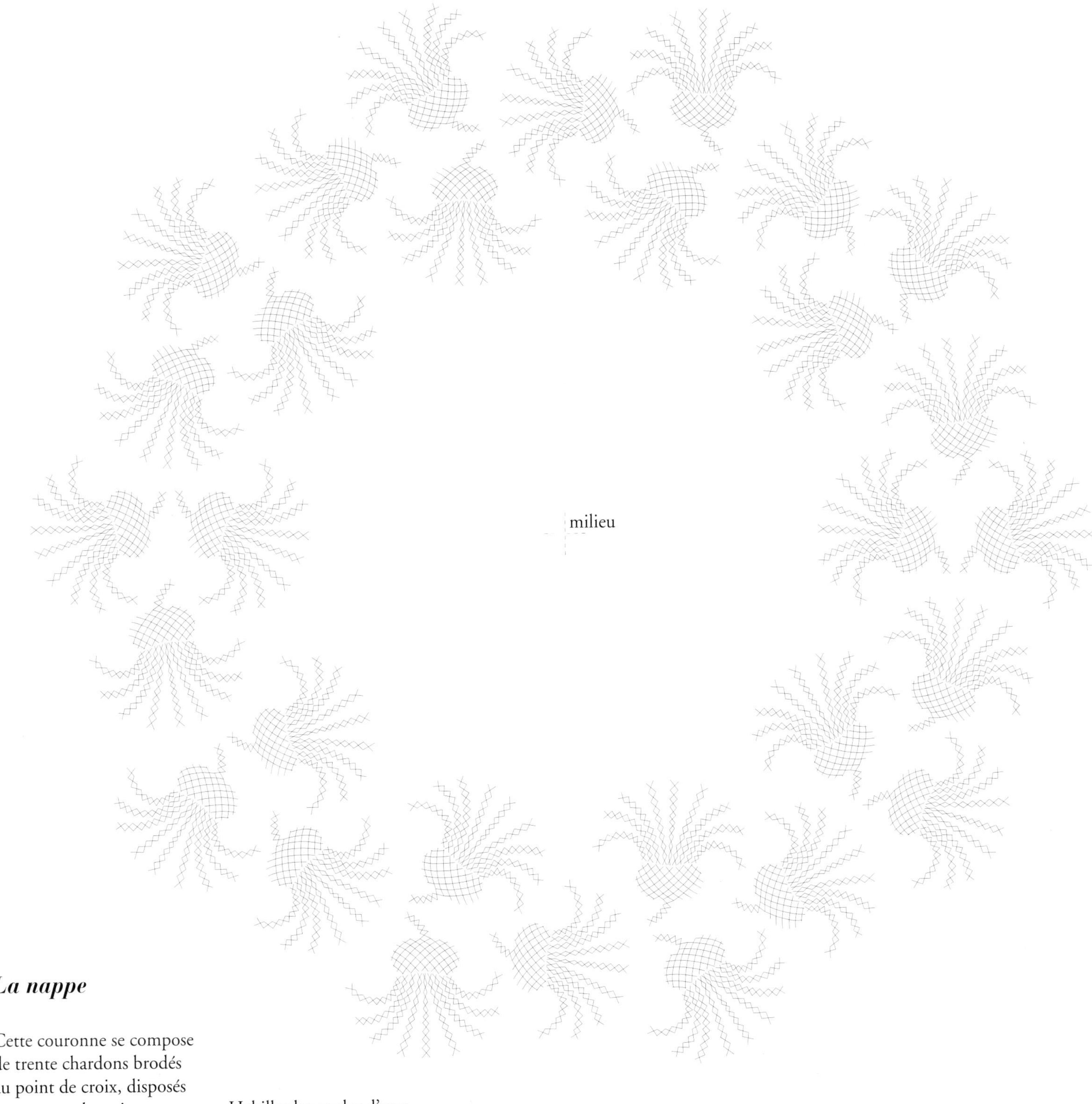


## *La nappe*

Cette couronne se compose de trente chardons brodés au point de croix, disposés par groupe de trois chardons répétitifs. Sa dimension réelle est de 50 cm de diamètre, ce qui permet à ce dessin de convenir à toutes les tables.

Habiller les angles d'une nappe carrée ou rectangulaire avec un groupe de trois chardons plus espacés, et disposer un chardon dans l'angle de chaque serviette.

# Automne

# *Zinnias*

Les couleurs vives des zinnias flamboient dans les jardins jusqu'aux premières gelées. Ils apporteront à votre table beaucoup de gaieté et d'éclat.

Le modèle ci-contre est brodé au point de bouclette à deux brins de Mouliné Spécial DMC. Chaque pétale est brodé de deux bouclettes : l'une ouverte en forme de U sur le contour, dans un ton soutenu, l'autre fermée au cœur du pétale dans un ton plus clair. Vous pourrez ainsi associer les orangés 900 et 352 ainsi que 946 et 970, les jaunes 307 et 3078, les roses 3350 et 3731 ainsi que 3354 et 962, etc. Les feuilles sont au passé plat à deux fils dans les tons 471 et 472. Les tiges sont brodées dans ces mêmes tons au point de reprise à deux fils, de même que la bordure qui reprend un choix des couleurs de la broderie. Cette technique est rapide, amusante, et donne des nappes pleines de charme.

Les plus habiles pourront préférer le passé empiétant à un fil montré en gros plan page suivante. La branche dont le dessin vous est donné pages 140 et 141 vous permettra de réaliser aussi bien un dessus de plateau ou de table roulante qu'une nappe dont le centre de table est illustré page 67.

*Voir le poncé de la grande branche pages 140 et 141.*
*Pour la réalisation des ouvrages voir page 161.*

### *La nappe*

Placer les branches en symétrie pour ce centre de table en forme de losange. Le dessin grandeur réelle occupe un espace de 100 x 57 cm. Disposer un groupe de trois fleurs dans chaque angle de la nappe, et une fleur sur chaque serviette.

# *Le raisin*

Le motif de la grappe particulièrement symbolique pour la table se prête aussi bien aux coloris très réalistes de raisins mûrs qu'à une broderie sobre et élégante en ton sur ton.

La peinture à l'aiguille, réalisée au passé empiétant, est le plus beau moyen de traduire le chatoiement des couleurs et le modelé des formes. Vous l'exécuterez avec un brin de Mouliné Spécial DMC. Vous pourrez varier le choix des harmonies, comme vous le montre la photographie de la page suivante : roses 760, 3328 et 347 avec des verts céladon 504 et 503, muscat 3685, 3803 et 3687 avec des verts acides 3347 et 3348, ou blanc, écru et or. Vous pourrez aussi utiliser un point de reprise très fin et serré.

Nous vous proposons page 71 un centre de table, dont vous pourrez isoler un élément que vous placerez dans l'angle d'un set ou sur un dessus de plateau.

*Voir le poncé du motif de la nappe page 142.*
*Pour la réalisation des ouvrages voir page 161.*

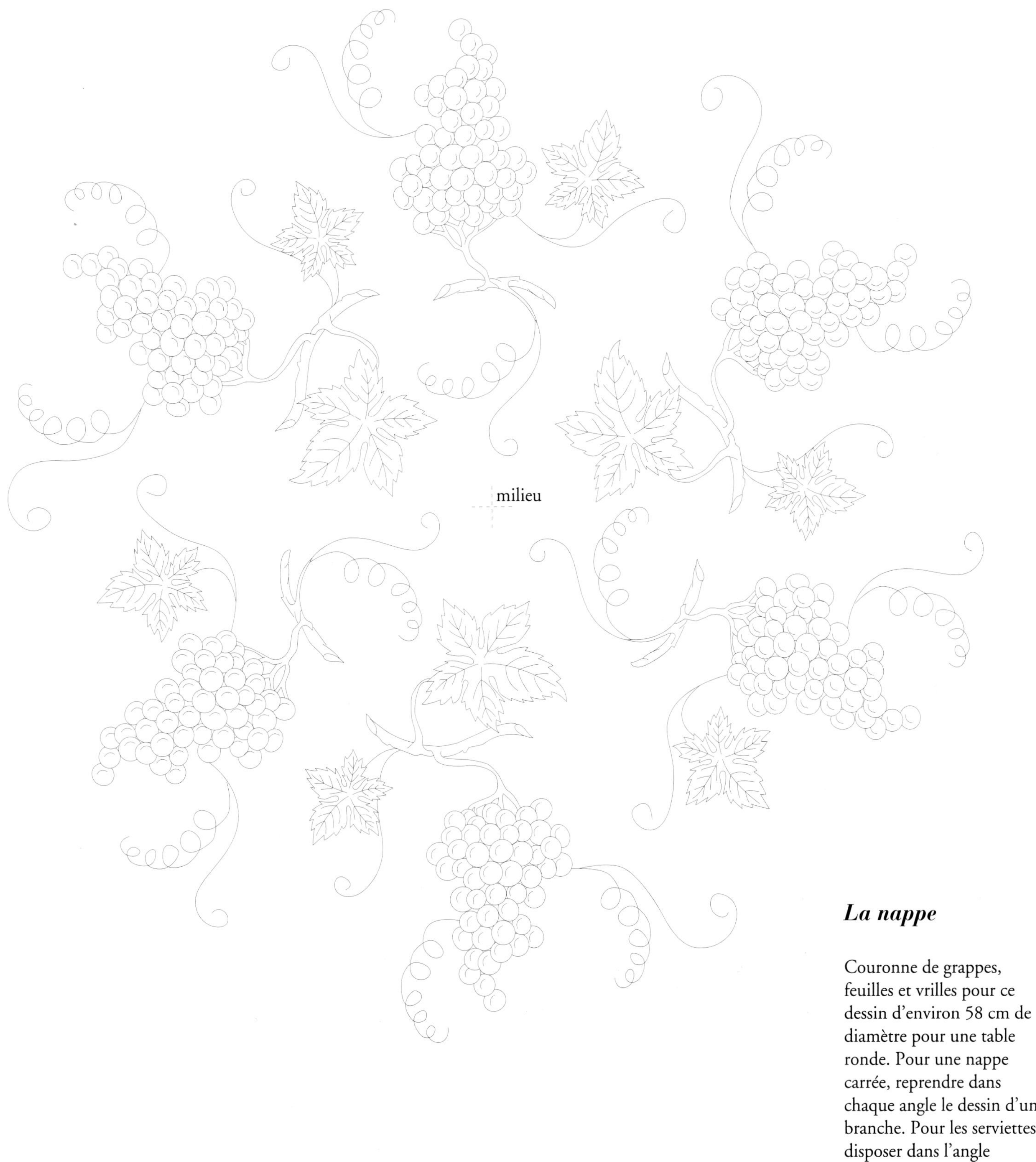


## *La nappe*

Couronne de grappes, feuilles et vrilles pour ce dessin d'environ 58 cm de diamètre pour une table ronde. Pour une nappe carrée, reprendre dans chaque angle le dessin d'une branche. Pour les serviettes, disposer dans l'angle une feuille accompagnée de deux vrilles.

# *Nymphéas*

Verts à fleurs roses, verts à fleurs jaunes, verts encore à fleurs pourpres ou blanches, brodez les nymphéas toujours en vert ! Les porcelaines d'inspiration orientale seront mises en valeur dans cet écrin de verdure. Les harmonies de verts sont si riches dans la gamme de Mouliné Spécial DMC que vous en trouverez toujours une qui convienne à vos assiettes.

Brodés sur ce set de lin rose au passé empiétant à un fil, vous réaliserez tout aussi bien les nymphéas à points de tige répétés comme les tulipes de la page 12.

Les feuilles sont ici dégradées en 369, 368 et 320 ; les fleurs sont brodées à petites touches de 3731, 3733, 776 et 819. Les rides sur l'étang sont simplement suggérées en or, comme si le soleil s'y reflétait.

*Voir les poncés du set et de la serviette page 143.*
*Pour la réalisation des ouvrages voir page 161.*

# *Les olives*

Tons vifs sur fond de couleur, tons grisés sur toile blanche, les coloris des olives pourront exprimer sur votre table toute l'atmosphère et le charme de la Provence...
Branches ou petits bouquets en semis se prêtent à diverses compositions sur des sets de table ou sur des nappes.
Cette version sur du lin jaune est brodée au passé empiétant à un brin de Mouliné Spécial DMC dans les tons 3347 et 3348 pour les feuilles finement nervurées d'or, et un camaïeu de 792, 3807 et 793 pour les fruits piquetés d'or. Dans des tons plus grisés, nous vous proposons 522, 523 et 524 pour les feuilles, 902 et or pour les fruits.

*Voir les poncés du set et de la serviette page 144.*
*Pour la réalisation des ouvrages voir page 161.*

# *Lierre grimpant*

À la fois symbolique et décoratif, le lierre grimpant vous permettra plusieurs réalisations différentes sur des nappes comme sur des draps.

Utilisez cette branche deux fois au milieu d'un carré de table comme les fleurs de pommier page 23. Amusez-vous à étirer le dessin en frise que vous ferez courir en centre de table et sur la retombée d'une grande nappe rectangulaire, ou en bordure d'ourlet sur un drap.

Le set ci-contre a été brodé d'un léger passé empiétant à un fil de coton Mouliné Spécial DMC dans les tons 3816 et 3817. Les nervures des feuilles sont exécutées au passé plat et les fruits au plumetis en fil d'argent.

Vous pouvez aussi utiliser la technique du remplissage au point de tige ou au point de reprise. Dans ce cas, vous ne broderez pas les nervures, vous les laisserez évidées et en soulignerez seulement le contour.

*Voir les poncés du set et de la serviette page 145.*
*Pour la réalisation des ouvrages voir page 161.*

# *Feuilles de chêne*

Théâtrales dans les tons d'automne, les feuilles de chêne se prêtent aussi bien que les raisins à une broderie épurée en blanc, écru et or.

Tout comme les olives, vous les utiliserez en branches ou en petits bouquets isolés. Là encore, la technique de la peinture à l'aiguille, grâce au passé empiétant, fait des merveilles. Amusez-vous à mêler finement les couleurs en brodant avec un brin de Mouliné Spécial DMC. Utilisez beaucoup de tons pour rendre tous les chatoiements de l'automne.

Nous avons choisi 975, 976, 3826, 400, 301, 782, 783 et 433 pour les feuilles, 987 et un peu d'or pour les nervures, 437, 739, 400 et 301 pour les glands, 739 et quelques points d'or pour la tige.

Nous vous donnons page 81 un dessin de centre de table en couronne, mais vous pouvez disposer un semis de deux, trois ou quatre feuilles sur toute la surface de la nappe.

*Voir le poncé du motif de la nappe pages 146 et 147.*
*Pour la réalisation des ouvrages voir page 161.*

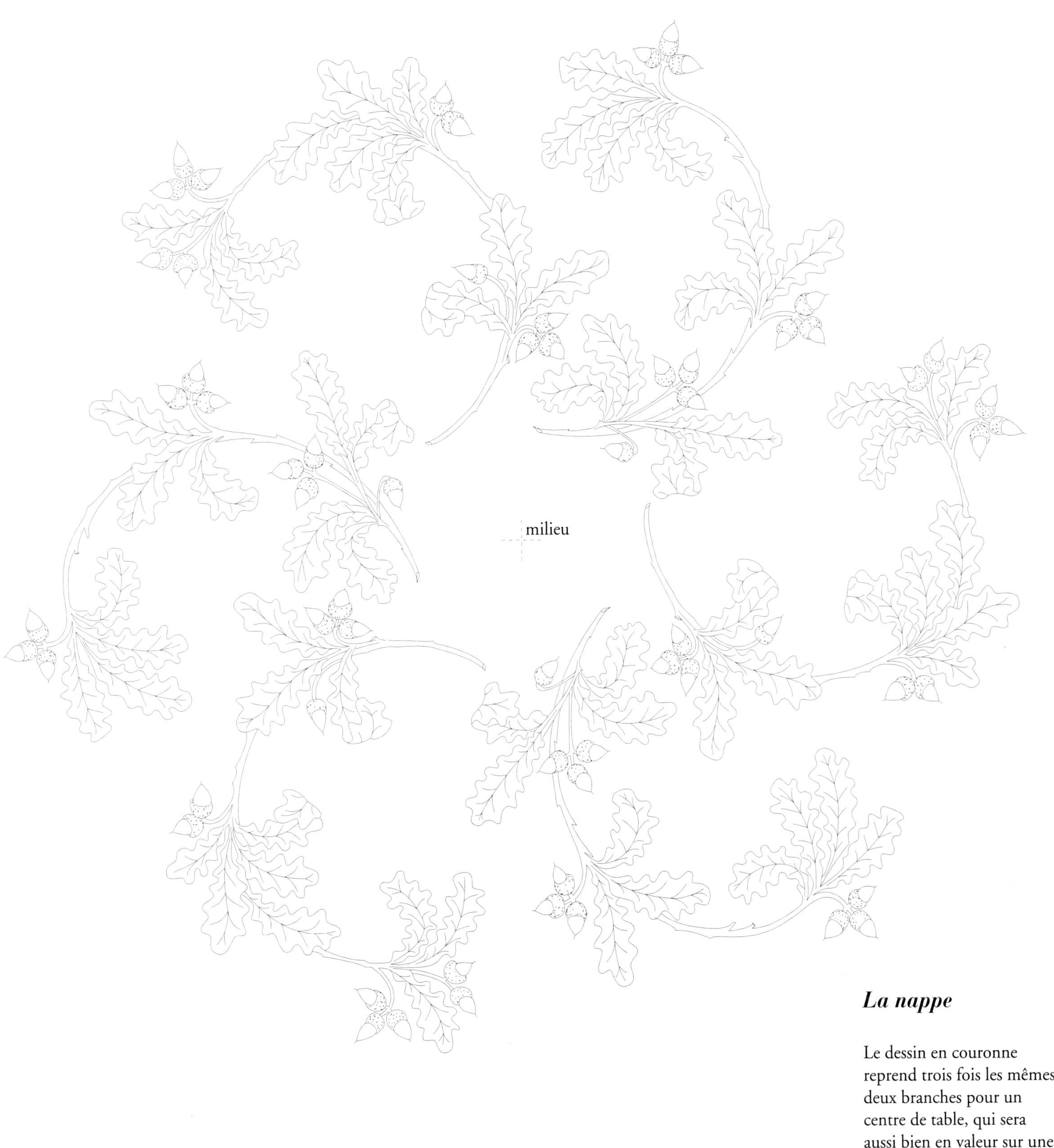


## *La nappe*

Le dessin en couronne reprend trois fois les mêmes deux branches pour un centre de table, qui sera aussi bien en valeur sur une table ronde que sur une table ovale.

# *Les trèfles*

Nous avons choisi pour vous deux modèles parmi les différents dessins de trèfle existant chez Noël.
Le trèfle à quatre feuilles au point de croix virevolte sur des sets de table, qui pourront être brodés de toutes couleurs. Ici, un lin blanc brodé à trois brins de Mouliné Spécial DMC dans les tons 992 et 993, et un lin jaune en 3328 et 402.
La frise de trèfles de la page suivante se déclinera facilement en sets, nappes, coussins et draps de lit d'enfant. Brodée au point de tige et au passé empiétant à deux brins de Mouliné Spécial DMC en jaune 744 et 745, avec un peu de blanc au cœur des pétales, elle est, à droite, plus simplement suggestive au point de Palestrina à trois fils en vert 362.

*Voir les poncés du set et du fond de plateau pages 148 et 149.*
*Pour la réalisation des ouvrages voir page 161.*

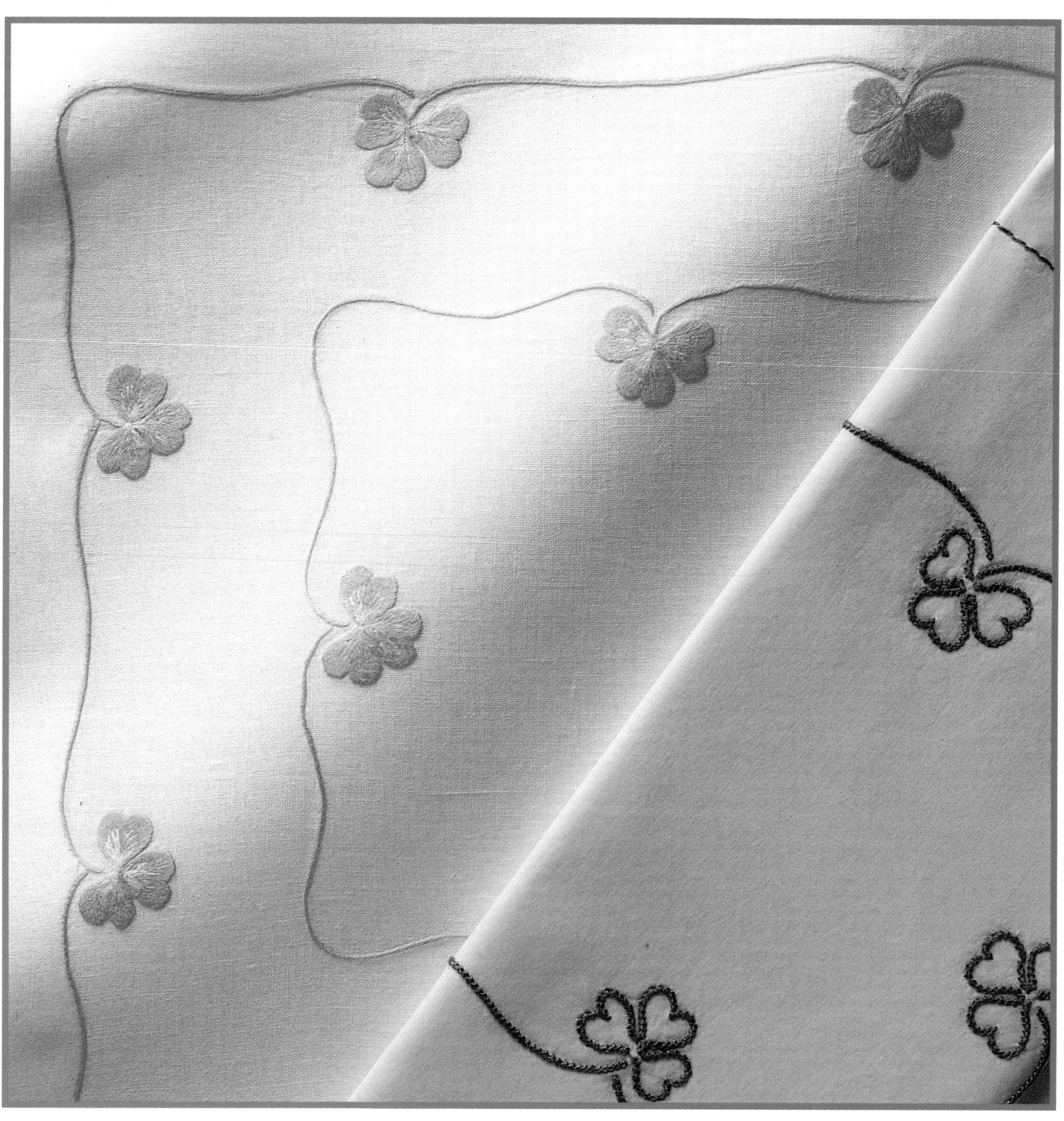

## *La parure de lit d'enfant*

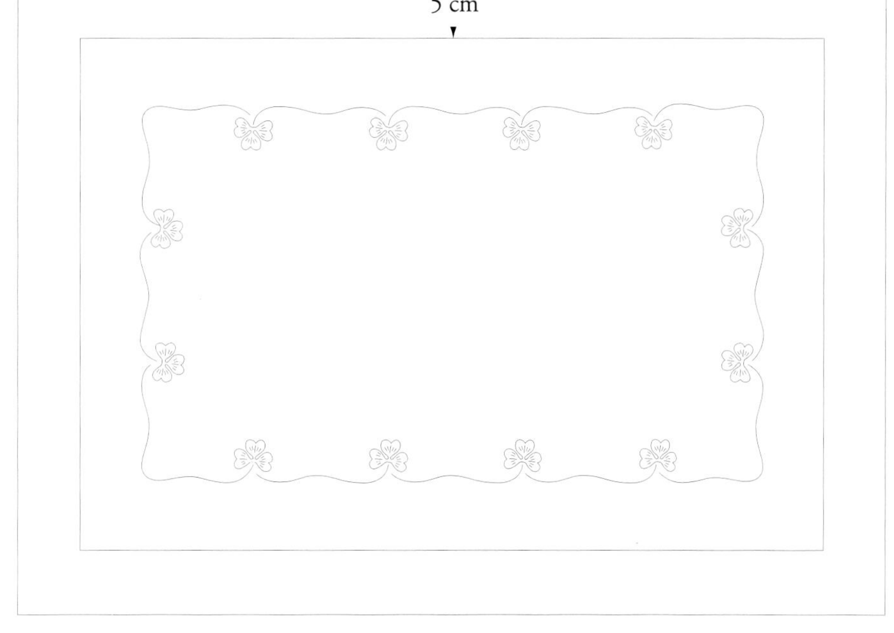


La taie mesure 40 x 60 cm plus un volant de 5 cm. Disposer la frise sur un seul rang tout autour de la taie. Le drap fini mesure 120 x 180 cm, ourlet de 7 cm inclus. La frise doit couvrir au minimum la largeur du matelas, et court le long de l'ourlet. Un second rang présente des trèfles isolés disposés comme des points de suspension.

## *La nappe*

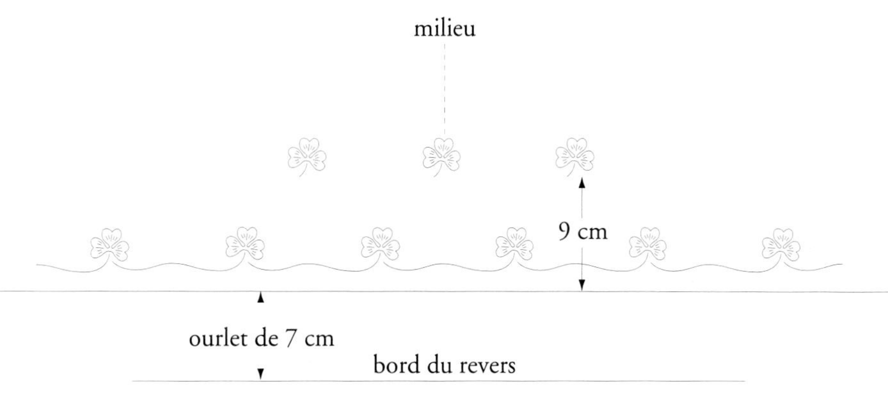


Disposer sur la largeur du chemin de table le dessin de la longueur du set de table, et le déplacer en équilibrant la frise intérieure sur toute la longueur souhaitée. Cette illustration représente un dessin de 126 x 40 cm. Pour une nappe bien finie, reprendre le dessin tout autour de la retombée à quelques centimètres de l'ourlet.

# Hiver

# *Oranges et citrons*

Nous ouvrons la saison hivernale par le dessin des oranges et des citrons. Aussi jolis sur du lin que sur de l'organdi, ils ont ensoleillé les tables de plusieurs générations d'amateurs. C'est un des rares exemples pour lequel nous ne vous conseillons pas la fantaisie dans les couleurs. Suivez la nature en recherchant toutefois quels tons de vert pourraient le mieux convenir à votre décor.

La technique la plus raffinée est celle du passé empiétant avec un fil de Mouliné Spécial DMC.

Nous avons choisi les coloris 971 pour les oranges piquées d'or, 307 pour les citrons piqués d'or, 3047 pour les tiges, blanc et or pour les fleurs, 3347 et 3348 pour les feuilles finement nervurées d'or.

Vous pouvez également faire la broderie à fins points de tige rapprochés. Certaines nappes ont même été réalisées avec un gros point de tige à trois fils, ce qui leur donnait un caractère plus rustique et chaleureux.

Le dessin en couronne des pages 150 et 151 conviendra aussi bien à une nappe élégante brodée finement sur de la mousseline, de l'organdi ou de la batiste, qu'à une nappe plus informelle brodée à gros points de tige sur du lin.

*Voir le poncé de la demi-couronne pages 150 et 151.*
*Pour la réalisation des ouvrages voir page 161.*

# *L'orchidée*

Symbole de grande sophistication, l'orchidée est traitée de la façon la plus pure ici, uniquement en blanc et or.
Observez comme le sens des points de cette broderie au passé empiétant à un brin de Mouliné Spécial DMC suffit à donner à la fleur tout son relief. L'or léger des feuilles apportera à vos nappes beaucoup d'élégance et d'éclat. Pour plus de réalisme, vous broderez les fleurs en dégradé 48, et le feuillage en 369.
Vous remarquerez aussi le grand raffinement du triple point de Paris à l'ourlet. Espacées d'un centimètre sur ce fond de plateau, ces lignes le seront de deux ou trois centimètres sur une nappe. Vous pourrez aussi reprendre la même idée pour un chemin de table encadrant les fleurs de la nappe, telle qu'elle est présentée page 93.

*Voir le poncé du motif pages 152 et 153.*
*Pour la réalisation des ouvrages voir page 161.*

### *La nappe*

Disposer les branches en quinconce pour un chemin de table, dont vous pouvez choisir les dimensions en fonction de celles de la table.

# *Pomme de pin*

Les virtuoses du point de tige vont pouvoir exercer leurs talents sur ce dessin, où il est particulièrement à l'honneur. Les écailles de la pomme de pin sont brodées à deux fils de Mouliné Spécial DMC dans le coloris 922. Chaque écaille est rehaussée d'un point de nœud à deux fils en 920.
L'auréole d'aiguilles de pin est aussi brodée à deux fils dans le coloris 921. Vous pouvez varier les couleurs, mais restez toujours en camaïeu.
Placez ces pommes de pin au centre d'un fond de plateau ou d'un petit coussin de lecture. Disposez-les régulièrement tous les quarante centimètres environ sur un revers de drap.

*Voir le poncé du motif page 154.*
*Pour la réalisation des ouvrages voir page 161.*

# *Les sapins*

Les branches de sapins restent souples sous le poids de la neige, le chemin a pris les couleurs du pâle soleil couchant, et les oiseaux celles du ciel.

Ce motif très évocateur de l'hiver orne ici un petit coussin de lecture. Vous pourrez également le placer, en haut à gauche dans l'angle d'un set de table en lin blanc, ou mieux encore en lin de coloris pastel.

La broderie est faite au point de tige et au point lancé à un ou deux brins de Mouliné Spécial DMC. Le grand sapin est brodé dans le coloris 320, le petit sapin en 367, le tronc en 433. Les herbes du chemin sont en 368, les traces de neige en rose 819 souligné de blanc, et les oiseaux en 800.

*Voir le poncé du motif page 155.*
*Pour la réalisation des ouvrages voir page 161.*

# *Les étoiles*

Ces grandes étoiles disposées en couronne au centre d'un carré de table en lin rouge sont décoratives et rapides à broder. À raison d'une étoile par soirée, en une semaine la nappe est terminée !

La broderie est faite au point de grille avec les six fils du Mouliné Spécial DMC 909. Un peu de jaune 744 au cœur de chaque étoile lui donne de la vie. Ces étoiles feront également très fête de Noël en rouge 321 avec le cœur or sur du lin blanc, ou en vert 503 avec le cœur argent sur du lin rouge. Vous placerez une étoile dans chaque angle de la nappe, et finirez l'ourlet au point de tige à six fils, ou avec des petits galons. Un carré de table ainsi brodé, jeté sur une nappe unie blanche, donnera à votre couvert un véritable air de fête, sans vous contraindre à un long travail de broderie pour une nappe qui ne sert que quelques jours par an. Les petites étoiles de la page suivante seront d'un usage moins limité. Brodées d'or et d'argent au passé plat, elles pourront scintiller sur une nappe tous les soirs de l'année.

*Voir les poncés des étoiles pages 156 et 157.*
*Pour la réalisation des ouvrages voir page 161.*

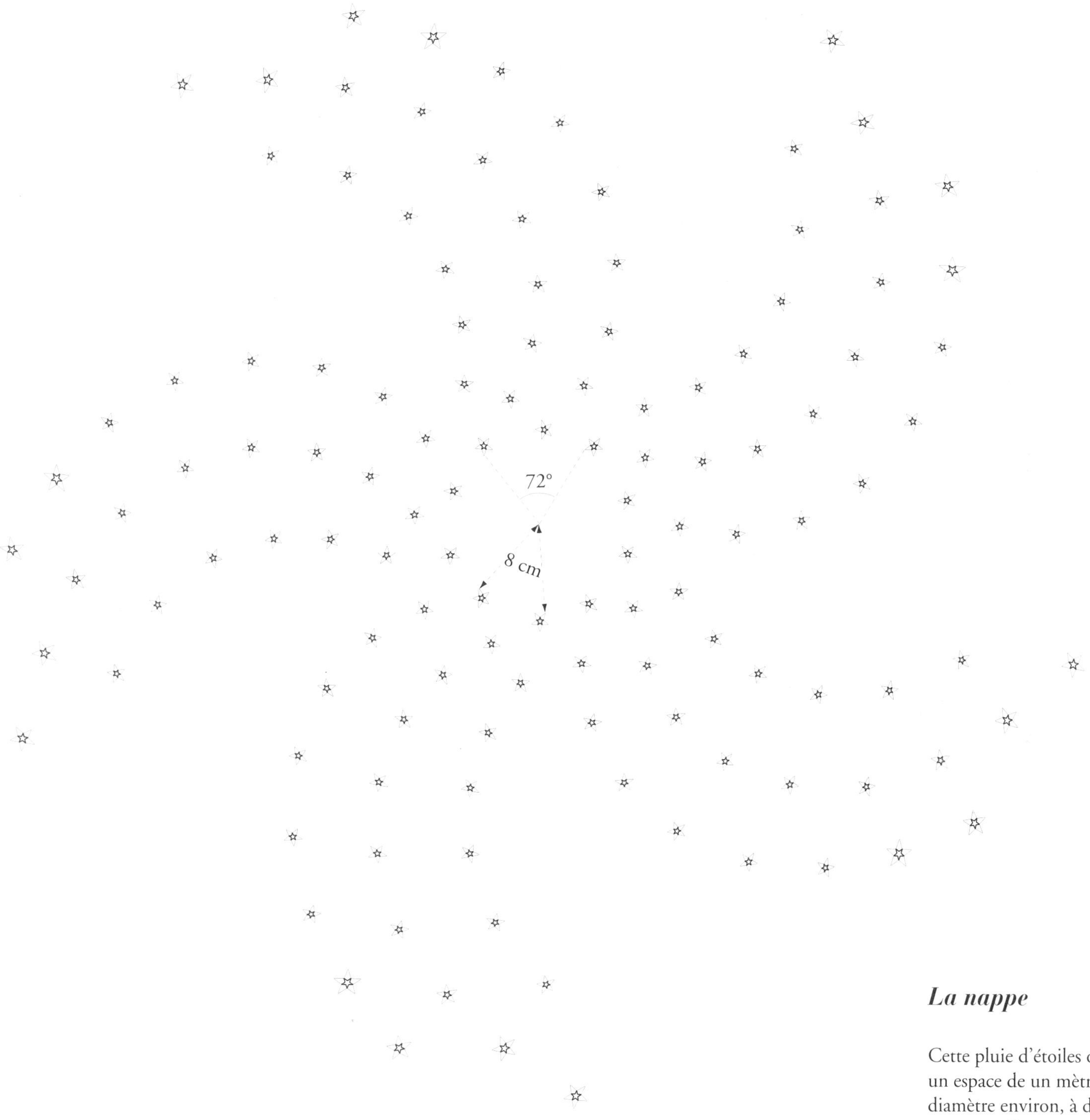

72°

8 cm

### *La nappe*

Cette pluie d'étoiles occupe un espace de un mètre de diamètre environ, à disposer au centre d'une nappe ronde ou carrée pour une table ronde de 1 m à 1,60 m. Grouper quelques étoiles de grosseurs différentes dans l'angle des serviettes.

NOEL

# *Le houx et le gui*

Nous terminons cette ronde des saisons par les décors de fête de Noël les plus traditionnels. Ils sont proposés en nappes, serviettes, mouchoirs, coussins, qui seront autant d'idées de cadeaux pour la fin de l'année.

Branches de sapin au point de tige 367 et 320, feuilles de gui au passé plat 503 et 504, feuilles de houx au passé empiétant 368 et 320, fruits du houx au plumetis 666 ou 321, tout est brodé avec un fil de Mouliné Spécial DMC.

Les étoiles sont exécutées au passé plat avec du fil d'or, et les boules de gui au plumetis avec du fil d'argent.

Pour une grande nappe rectangulaire, vous pourrez transformer la couronne en chemin de table.

Nous vous suggérons de faire de grands faux ourlets de couleur contrastée : lin rouge pour les nappes en lin blanc, lin vert céladon pour les nappes en lin rouge.

Vous pouvez aussi « noëliser » votre table uniquement avec les serviettes de la page 106 sur une nappe classique en damassé blanc, ou toute nappe unie de couleur rouge ou verte.

*Voir le poncé de la demi-couronne pages 158 et 159.*
*Pour la réalisation des ouvrages voir page 161.*

## *La nappe*

Le dessin peut se répéter en supprimant une branche de sapin pour que l'effet de couronne demeure.
Placer autant de motifs que le demande la longueur de la table.

## *Les sets*

Reprendre des éléments de la couronne pour alterner, sur la table, des sets avec le houx et des sets avec le gui. On peut aussi supprimer les branches de sapin et alterner les motifs houx et gui dans deux ou quatre angles de chaque set.

2 cm

## *Les serviettes*

Présentées ci-contre, les serviettes reprennent les différents éléments réduits à 66 % de la taille réelle.

## *Les mouchoirs*

Broder dans l'angle d'un mouchoir le motif du houx ou celui du gui, réduit à 60 % de la taille réelle.

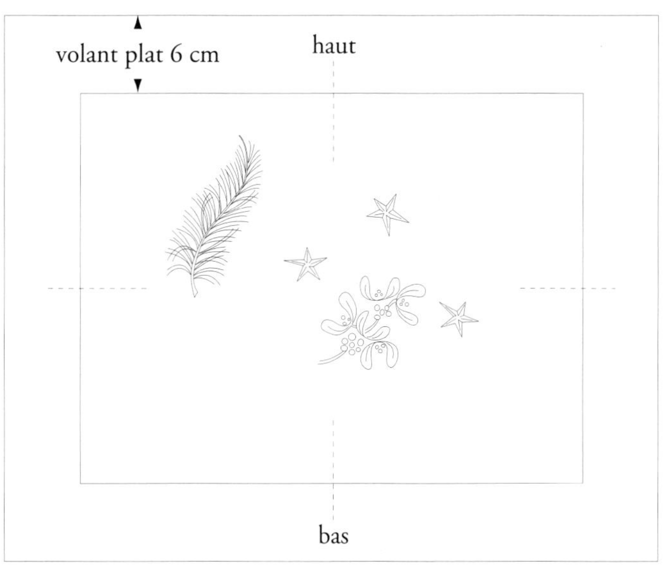


## *Les coussins*

À offrir pour les fêtes de fin d'année, des petits coussins de lecture de 30 x 40 cm aux emblèmes de Noël. Le dessin peut être souligné du prénom du destinataire.

# *Les poncés*

Repère d'angle

## *Le set de table*

Pour lui restituer sa taille réelle, photocopier le dessin à 141 %. Recouper le dessin en superposant les deux repères verticalement. Le repère d'angle précise le placement de l'ourlet. Il permet de disposer le dessin à l'identique sur tous les sets. Placer ce repère à 6 cm des côtés d'un rectangle de tissu de 50 x 60 cm. Après broderie et lavage, recouper au besoin les côtés opposés au repère d'angle pour que le set fini mesure 38 x 50 cm, ourlet de 2 cm inclus.

Voir La rose page 11.
Pour la réalisation des ouvrages voir page 161.

# *La rose*

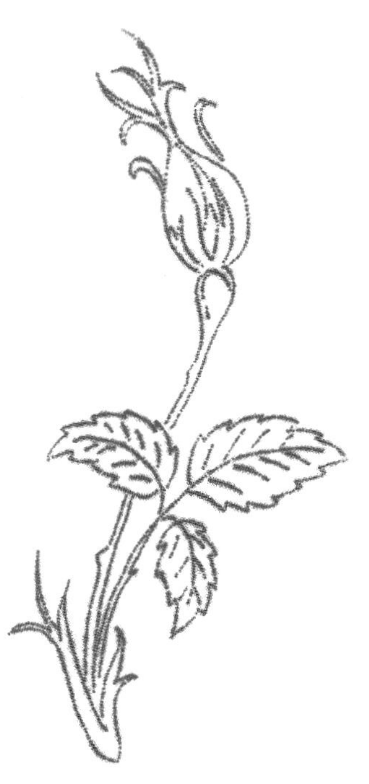

## *La serviette*

Agrandir le dessin et le cadre blanc à 141 %. Placer l'angle du cadre sur l'angle d'une serviette coupée de 50 x 50 cm en les superposant. Le dessin se trouve alors correctement placé. Après confection d'un ourlet de 1,5 cm, la serviette mesure 45 x 45 cm environ.

### *Le fond de corbeille*

Le morceau de tissu doit être assez grand pour pouvoir placer le tambour facilement autour du dessin. Ce dessin présenté ici à grandeur réelle peut être réduit ou augmenté à la photocopieuse. Nous suggérons 65 % pour des dessous de verre, et 140 % pour des sous-assiettes.

Voir La tulipe page 13.
Pour la réalisation des ouvrages voir page 161.

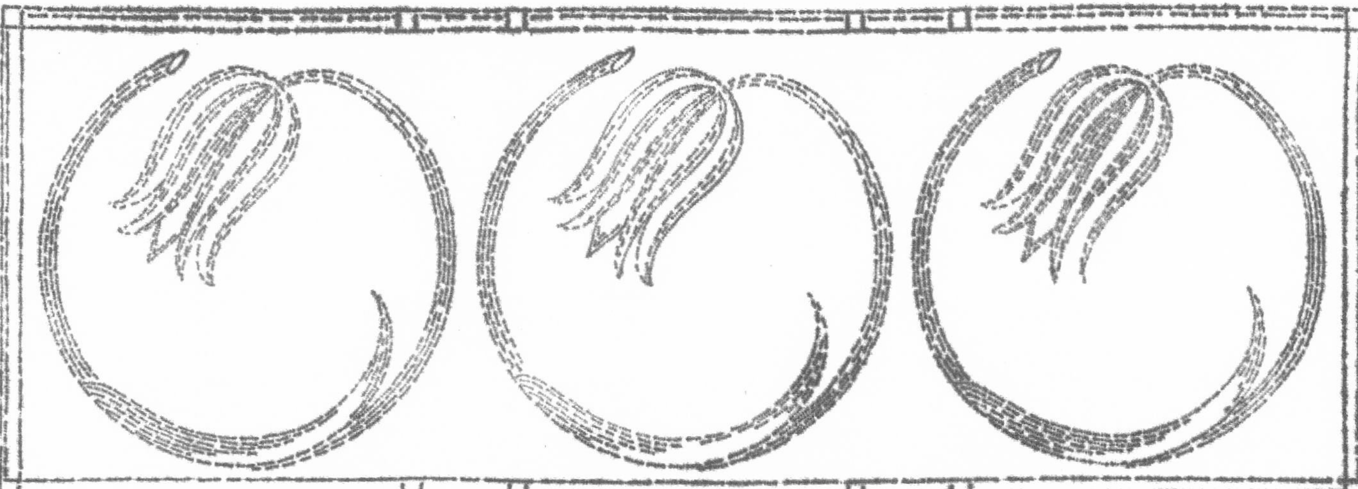

### *Le fond de plateau*

Photocopier le dessin à 160 % afin de lui restituer sa taille réelle. Raccorder avec soin les deux photocopies nécessaires. Après la broderie, rabattre un ourlet de 2 cm au minimum dans le dessin de la bordure.

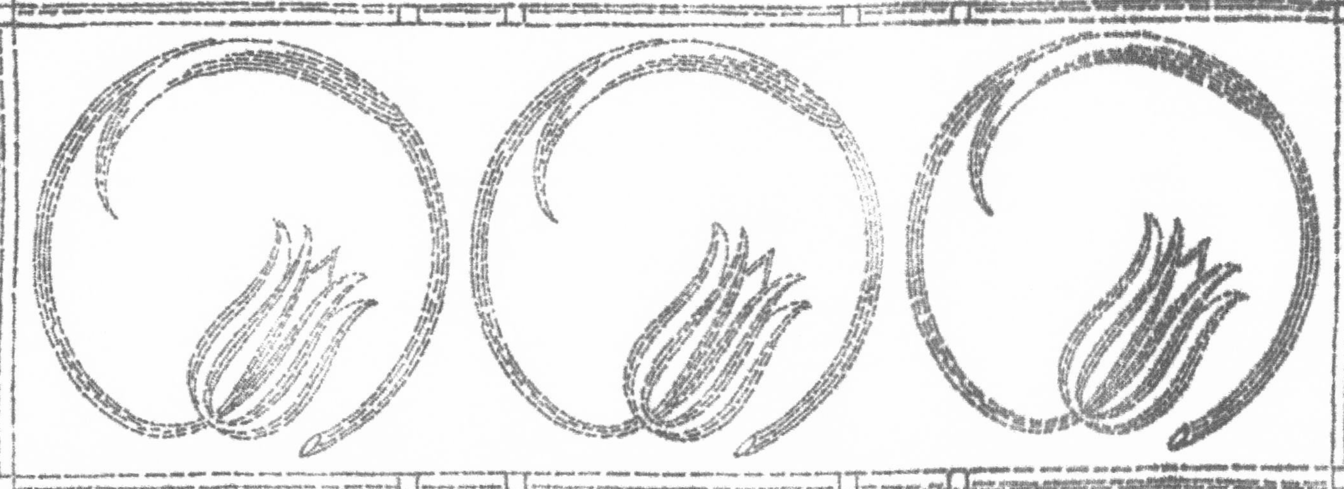

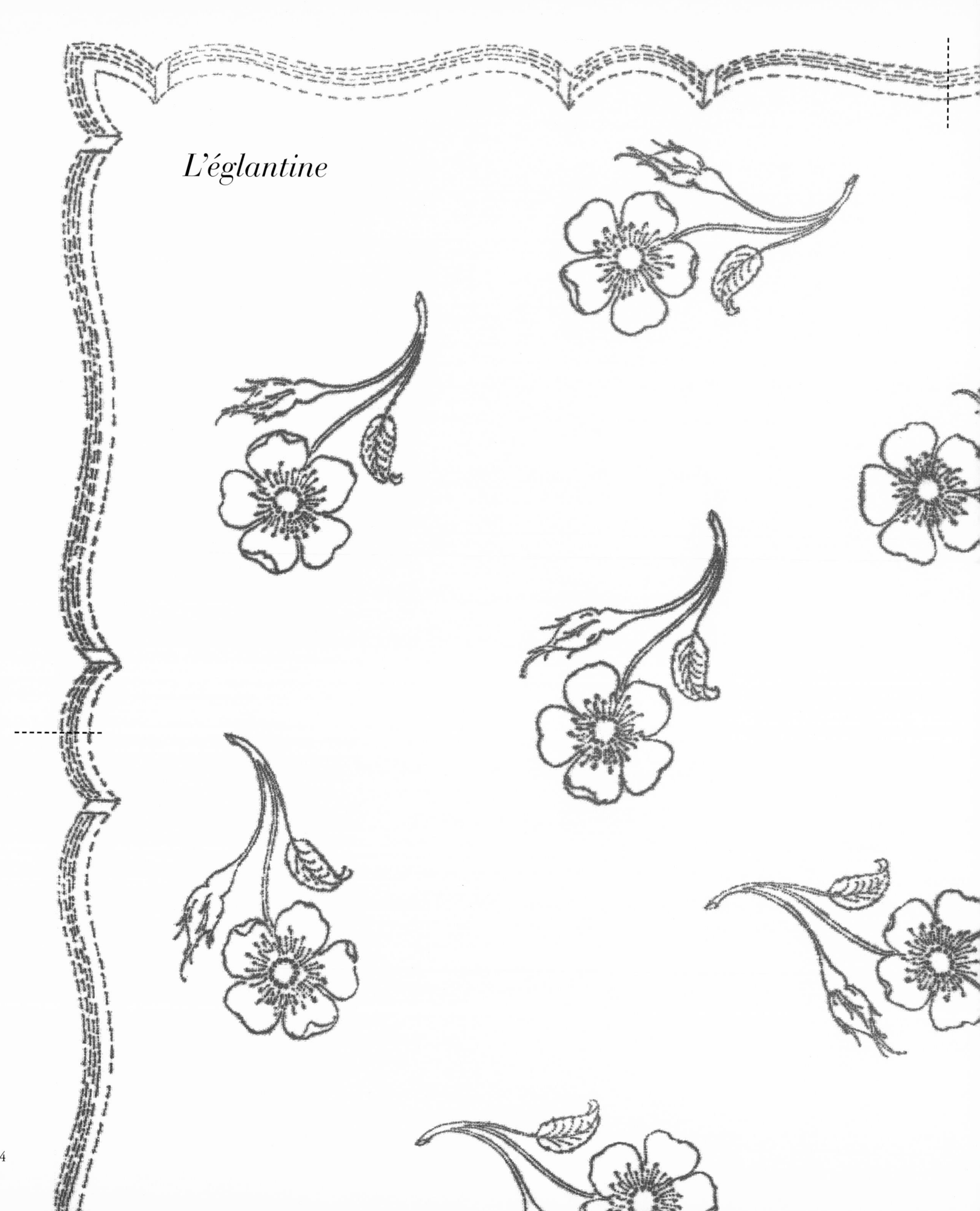

*L'églantine*

### *Le fond de plateau*

Le dessin est à taille réelle. En relever la moitié et retourner le calque pour disposer la seconde moitié en faisant coïncider les milieux. On peut aussi en faire deux photocopies et les réunir de la même façon. L'ouvrage terminé avec un ourlet de 3,5 cm mesure 37 x 47 cm.

VOIR L'ÉGLANTINE PAGE 15.
POUR LA RÉALISATION DES OUVRAGES VOIR PAGE 161.

*Repère d'angle*

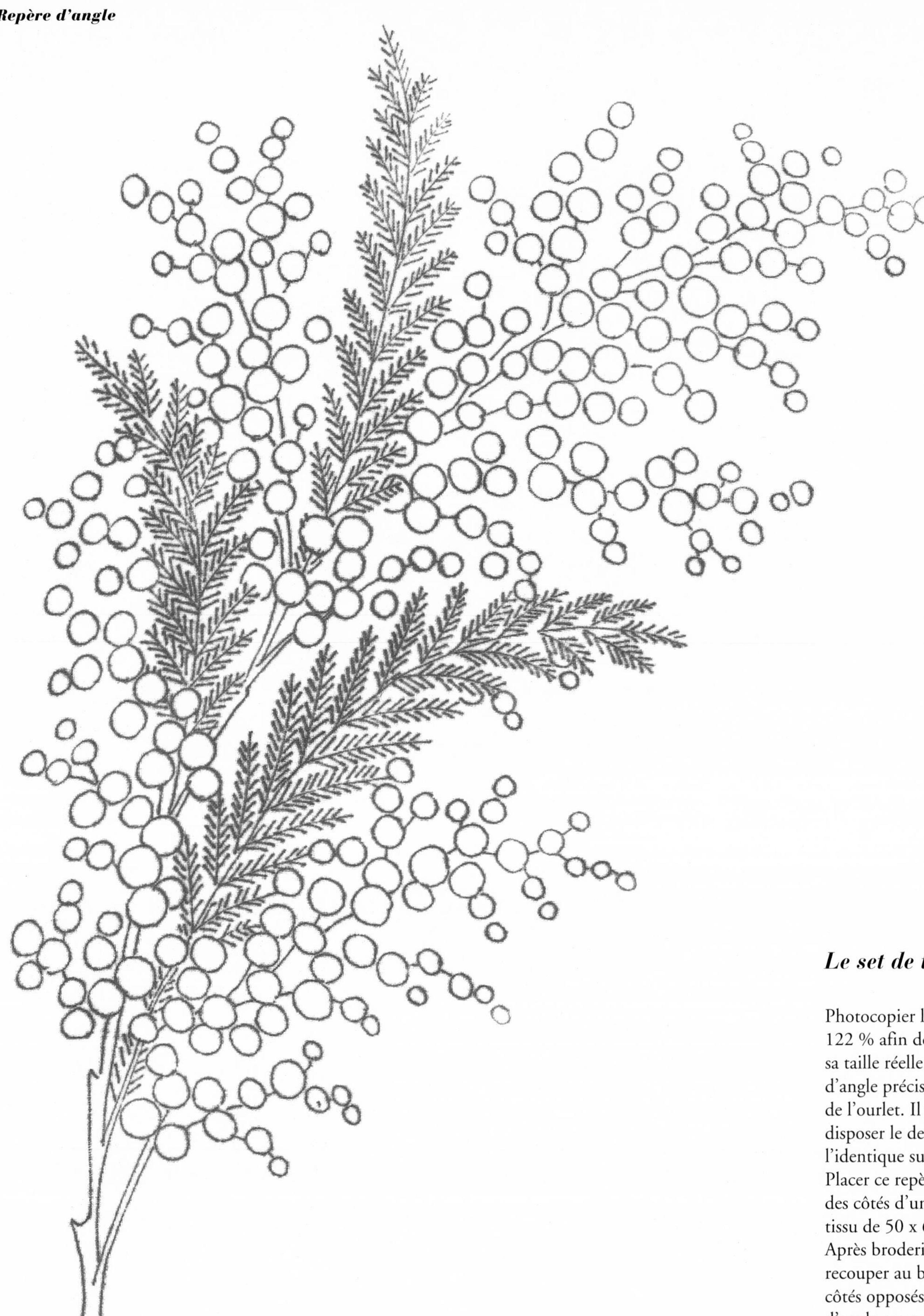

## *Le set de table*

Photocopier le dessin à 122 % afin de lui restituer sa taille réelle. Le repère d'angle précise le placement de l'ourlet. Il permet de disposer le dessin à l'identique sur tous les sets. Placer ce repère à 6 cm des côtés d'un rectangle de tissu de 50 x 60 cm. Après broderie et lavage, recouper au besoin les côtés opposés au repère d'angle pour que le set fini mesure 38 x 50 cm, ourlet de 2 cm inclus.

# *Mimosa*

### *La serviette*

Agrandir le dessin et le cadre blanc à 122 %. Placer l'angle du cadre sur l'angle d'une serviette coupée de 50 x 50 cm en les superposant. Le dessin se trouve alors correctement placé. Après confection d'un ourlet de 1,5 cm, la serviette mesure 45 x 45 cm environ.

VOIR MIMOSA PAGE 17.
POUR LA RÉALISATION DES OUVRAGES VOIR PAGE 161.

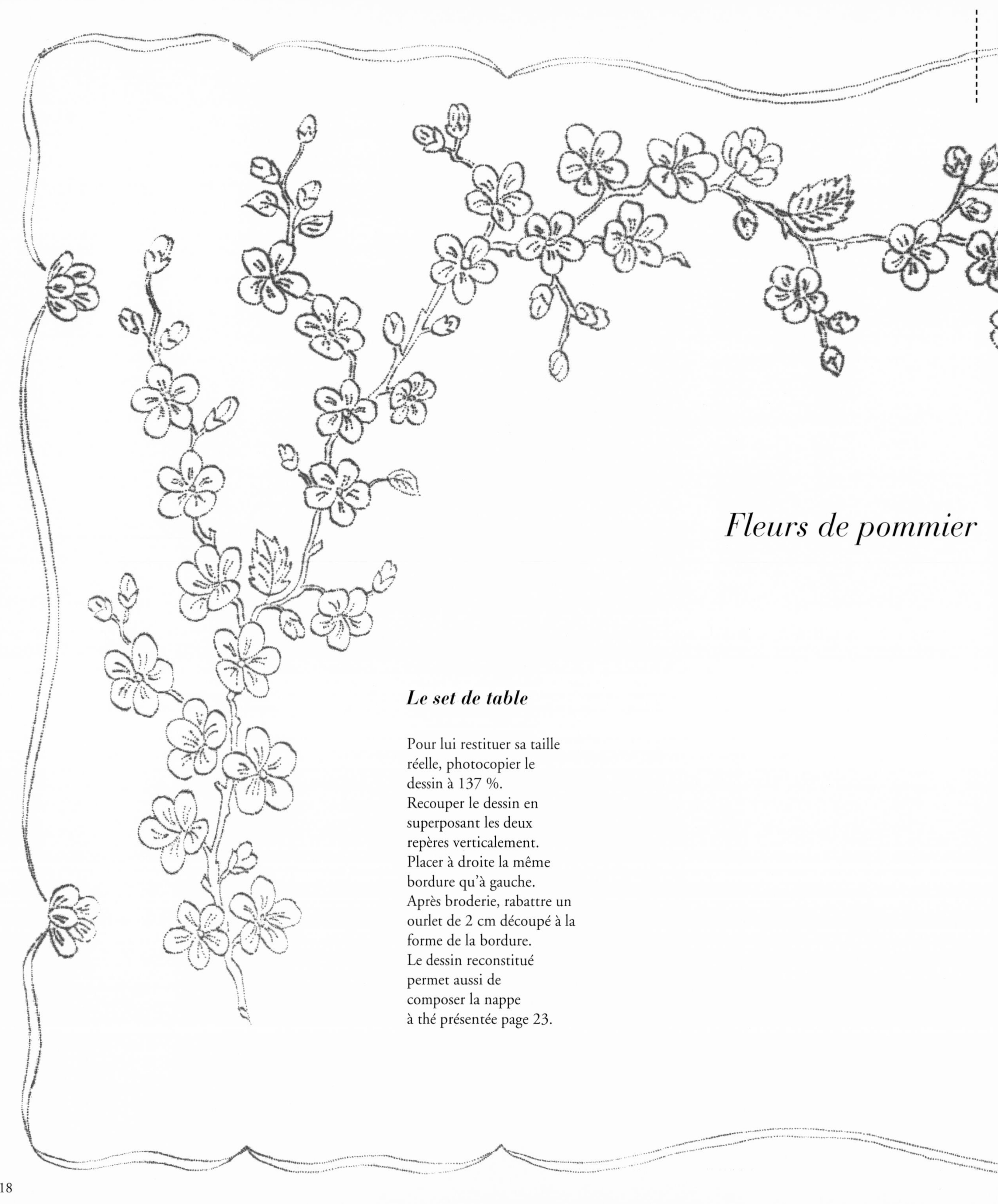

# *Fleurs de pommier*

### *Le set de table*

Pour lui restituer sa taille réelle, photocopier le dessin à 137 %.
Recouper le dessin en superposant les deux repères verticalement.
Placer à droite la même bordure qu'à gauche.
Après broderie, rabattre un ourlet de 2 cm découpé à la forme de la bordure.
Le dessin reconstitué permet aussi de composer la nappe à thé présentée page 23.

### *La serviette*

Agrandir le dessin et le cadre blanc à 137 %. Placer l'angle du cadre sur l'angle d'une serviette coupée de 50 x 50 cm en les superposant. Le dessin se trouve alors correctement placé. Après confection d'un ourlet de 1,5 cm, la serviette mesure 45 x 45 cm environ.

Voir Les fleurs de pommier page 21.
Pour la réalisation des ouvrages voir page 161.

## *Le set de table*

Photocopier le dessin à 124 % pour lui restituer sa taille réelle. Recouper le dessin en superposant les deux repères verticalement. Le repère d'angle précise le placement de l'ourlet. Il permet de disposer le dessin à l'identique sur tous les sets. Placer ce repère à 6 cm des côtés d'un rectangle de tissu de 50 x 60 cm. Après broderie et lavage, recouper au besoin les côtés opposés au repère d'angle pour que le set fini mesure 38 x 50 cm, ourlet de 2 cm inclus.

# La fougère

### *La serviette*

Agrandir le dessin et le cadre blanc à 124 %. Placer l'angle du cadre sur l'angle d'une serviette coupée de 50 x 50 cm en les superposant. Le dessin se trouve alors correctement placé. Après confection d'un ourlet de 1,5 cm, la serviette mesure 45 x 45 cm environ.

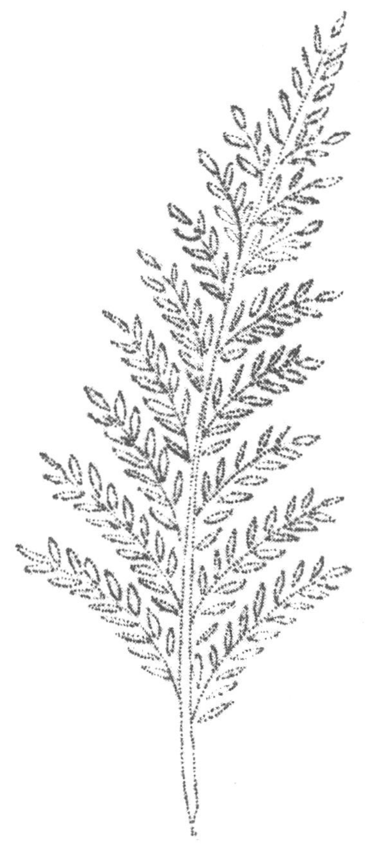

Voir Les fougères page 25.
Pour la réalisation des ouvrages voir page 161.

# *Le cœur de fougère et les petites fougères*

### *Le cœur*

Photocopier cette page à 112 % pour rendre au dessin sa taille réelle sur le drap et le coussin de lecture, et à 90 % pour lui donner une dimension moins encombrante sur la taie d'oreiller.

### *Le set de table*

Photocopier le dessin à 188 % afin de lui restituer sa taille réelle.
Faire raccorder avec soin les deux photocopies nécessaires. Après broderie, rabattre un ourlet de 2 cm dans la bordure pour obtenir un set fini de 39 x 50 cm environ.

VOIR LES FOUGÈRES PAGE 25.
POUR LA RÉALISATION DES OUVRAGES VOIR PAGE 161.

## *Le set de table*

Photocopier le dessin à 120 % pour lui restituer sa taille réelle. Recouper le dessin en superposant les deux repères verticalement. Le repère d'angle précise le placement de l'ourlet. Il permet de disposer le dessin à l'identique sur tous les sets. Placer ce repère à 6 cm des côtés d'un rectangle de tissu de 50 x 60 cm. Après broderie et lavage, recouper au besoin les côtés opposés au repère d'angle pour que le set fini mesure 38 x 50 cm, ourlet de 2 cm inclus.

# *Géranium*

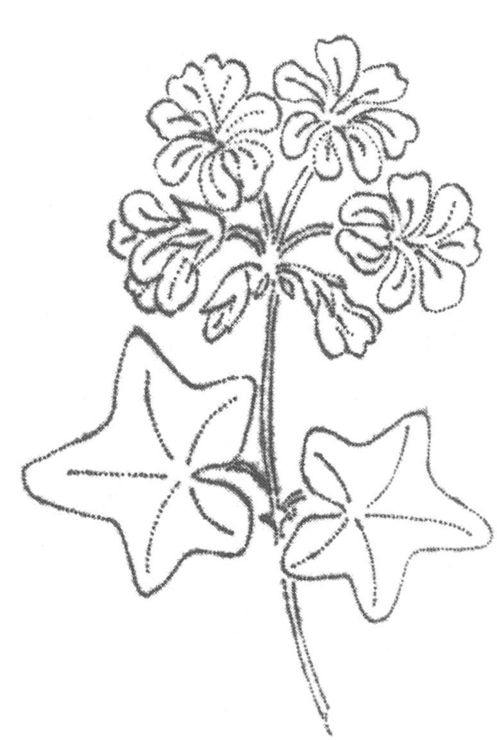

### *La serviette*

Agrandir le dessin et le cadre blanc à 120 %. Placer l'angle du cadre sur l'angle d'une serviette coupée de 50 x 50 cm en les superposant. Le dessin se trouve alors correctement placé. Après confection d'un ourlet de 1,5 cm, la serviette mesure 45 x 45 cm environ.

Voir Géranium page 35.
Pour la réalisation des ouvrages voir page 161.

***La nappe***

Photocopier le dessin à 120 % pour lui rendre sa taille réelle. Recouper en superposant les deux repères verticalement. Voir les illustrations page 37 pour le placement du dessin, selon la nappe choisie.

*Géranium*

Voir Géranium page 35.
Pour la réalisation des ouvrages voir page 161.

# *Delphinium*

### *La nappe*

Photocopier le dessin à 140 % pour lui rendre sa taille réelle. Recouper en superposant les deux repères verticalement. Voir l'illustration de la page 41 pour le placement du dessin.

### *Le set de table*

Utiliser le dessin de la branche du bas au même agrandissement. Le placer en prenant modèle sur la fougère pages 120 et 121.

## *La serviette*

Agrandir le dessin et le cadre blanc à 124 %. Placer l'angle du cadre sur l'angle d'une serviette coupée de 50 x 50 cm en les superposant. Le dessin se trouve alors correctement placé. Après confection d'un ourlet de 1,5 cm, la serviette mesure 45 x 45 cm environ.

Voir Delphinium page 39.
Pour la réalisation des ouvrages voir page 161.

# *Les cerises*

### *La nappe*

Le dessin est à taille réelle. Le photocopier sur un papier-calque de façon à pouvoir utiliser chaque branche dans les deux sens, pour un semis informel sur une petite nappe.

### *Le set de table*

Placer le grand bouquet en haut à gauche, le petit bouquet en bas à droite à 1,5 cm des ourlets.

VOIR LES CERISES PAGE 43.
POUR LA RÉALISATION DES OUVRAGES VOIR PAGE 161.

# *Hortensia*

### ***Le fond de plateau***

Le dessin est à taille réelle.
Voir les illustrations
de la page 47 pour
le placement du dessin sur
une parure de lit, sur
un petit coussin de lecture
et sur un set de table.

Voir Hortensia page 45.
Pour la réalisation des ouvrages voir page 161.

## *Le set de table*

Photocopier le dessin à 122 % afin de lui restituer sa taille réelle. Recouper en superposant les deux repères verticalement. Le repère d'angle précise le placement de l'ourlet. Il permet de disposer le dessin à l'identique sur tous les sets. Placer ce repère à 6 cm des côtés d'un rectangle de tissu de 50 x 60 cm. Après broderie et lavage, recouper au besoin les côtés opposés au repère d'angle pour que le set fini mesure 38 x 50 cm, ourlet de 2 cm inclus.

Voir Lys et chardon page 49.
Pour la réalisation des ouvrages voir page 161.

# *Lys et chardon*

### ***La serviette***

Agrandir le dessin et le cadre blanc à 122 %. Placer l'angle du cadre sur l'angle d'une serviette coupée de 50 x 50 cm en les superposant. Le dessin se trouve alors correctement placé. Après confection d'un ourlet de 1,5 cm, la serviette mesure 45 x 45 cm environ.

# *Le blé*

## *La nappe*

Photocopier en double le dessin à 166 % pour lui rendre sa taille réelle. Recouper en superposant les deux repères verticalement. Reconstituer la couronne en faisant coïncider le dessin et les milieux.

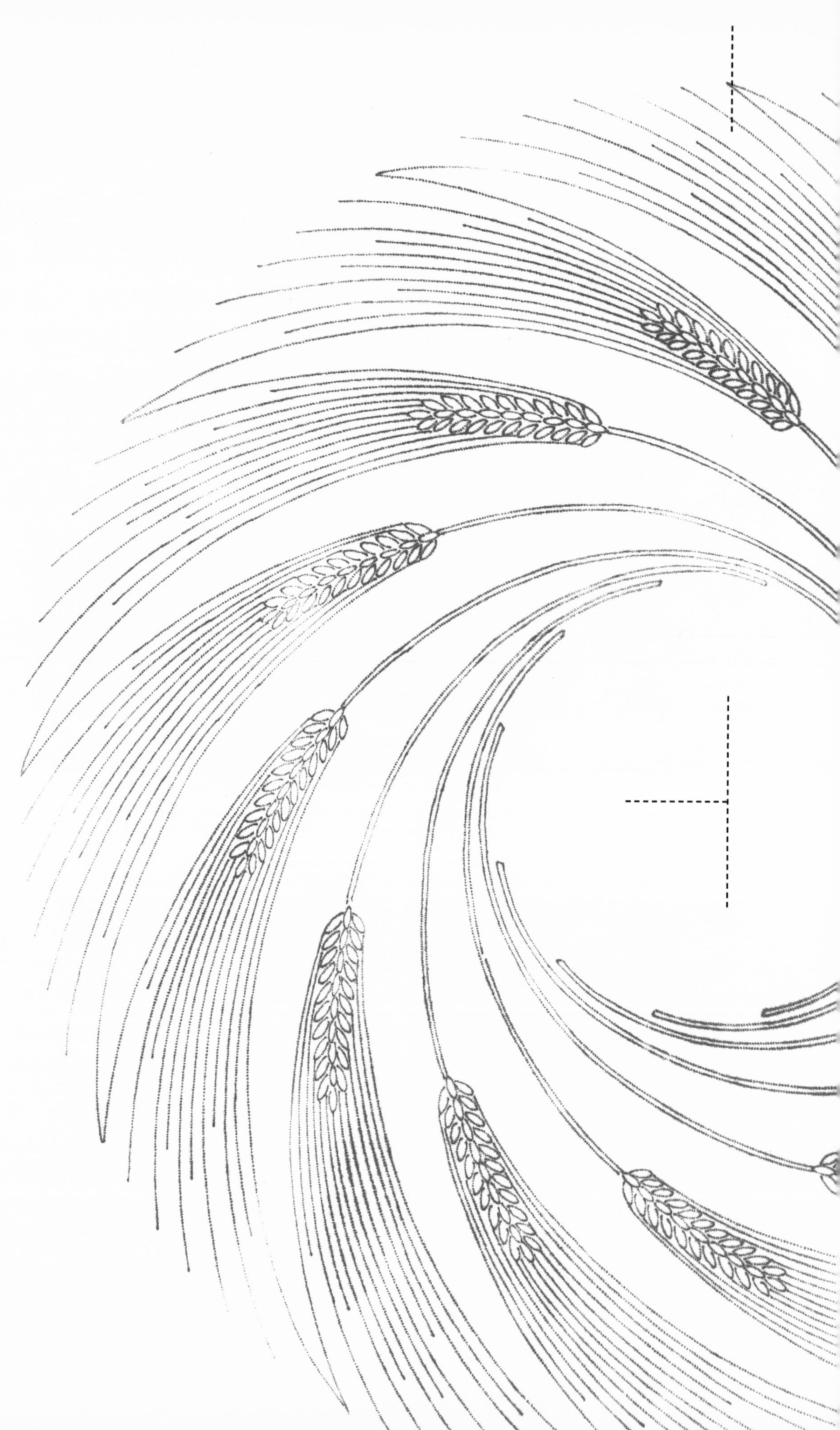

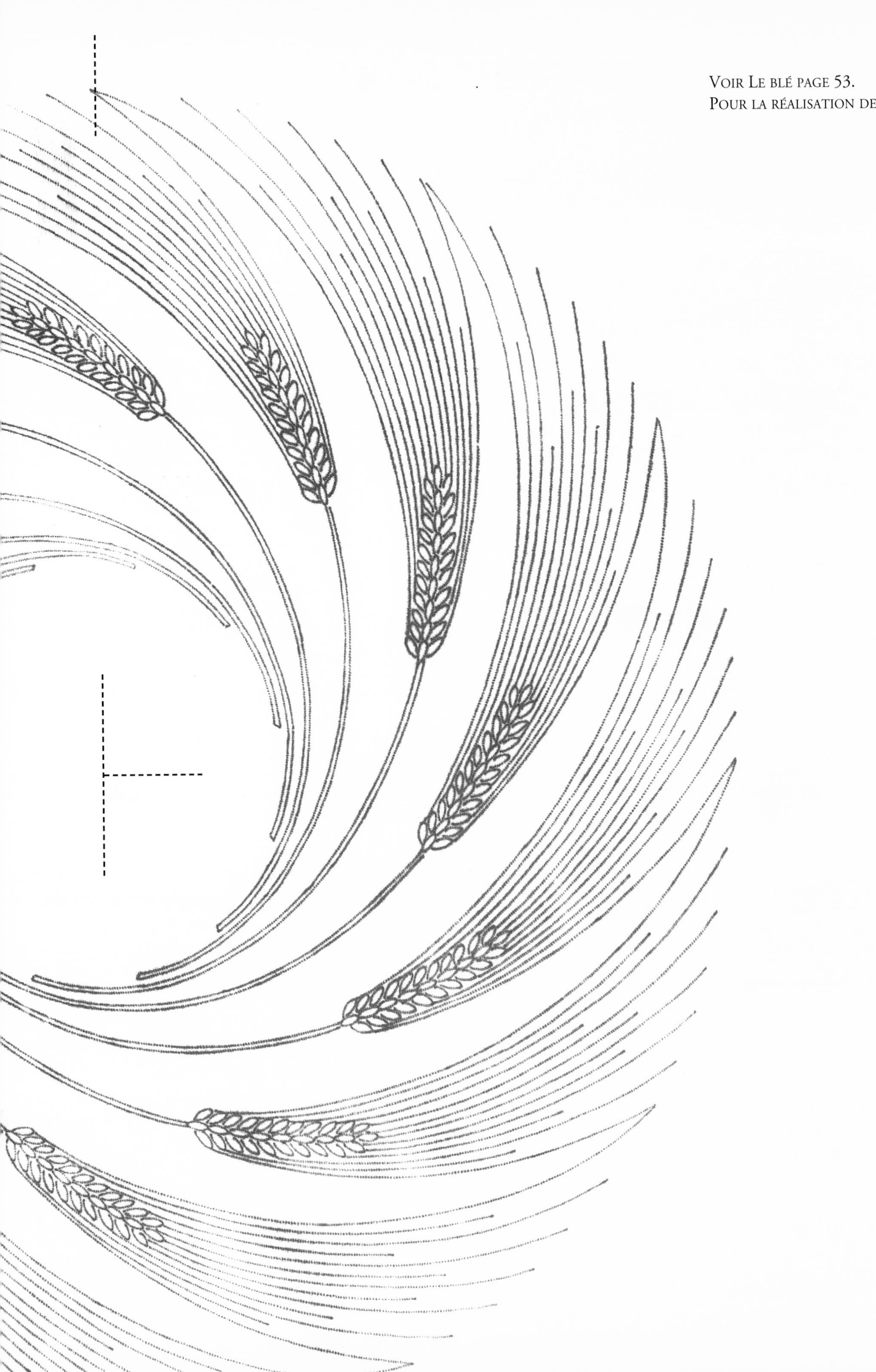

Voir Le blé page 53.
Pour la réalisation des ouvrages voir page 161.

### *La parure de lit*

Photocopier le dessin à 125 % pour lui restituer sa taille réelle. Recouper en superposant les deux repères verticalement. Voir les illustrations de la page 57 pour le placement des branches sur le revers du drap et de la marguerite isolée dans l'angle de la taie.

VOIR LA MARGUERITE PAGE 55.
POUR LA RÉALISATION DES OUVRAGES VOIR PAGE 161.

# *La marguerite*

***Le set de table***

# *Les chardons*

Photocopier le dessin à 200 % afin de lui restituer sa taille réelle. Faire coïncider avec soin les deux photocopies nécessaires pour que la coquille soit bien symétrique.

Voir Les chardons page 59.
Pour la réalisation des ouvrages voir page 161.

## *La nappe*

Photocopier le dessin à 200 % afin de lui restituer sa taille réelle. Prendre un grand soin à reconstruire la couronne constituée de trente chardons qui peuvent, pour plus de facilité à suivre le dessin, se lire par groupe de trois ou six répétitifs. Voir page 61 l'illustration de la couronne complète.

### *La nappe*

Photocopier le dessin à 115 % pour lui restituer sa taille réelle. Placer le dessin en travers d'un dessus de plateau. Voir les illustrations page 67 pour le placement des branches en symétrie sur une nappe rectangulaire.

Voir Zinnias page 65.
Pour la réalisation des ouvrages voir page 161.

# *Zinnias*

# *Le raisin*

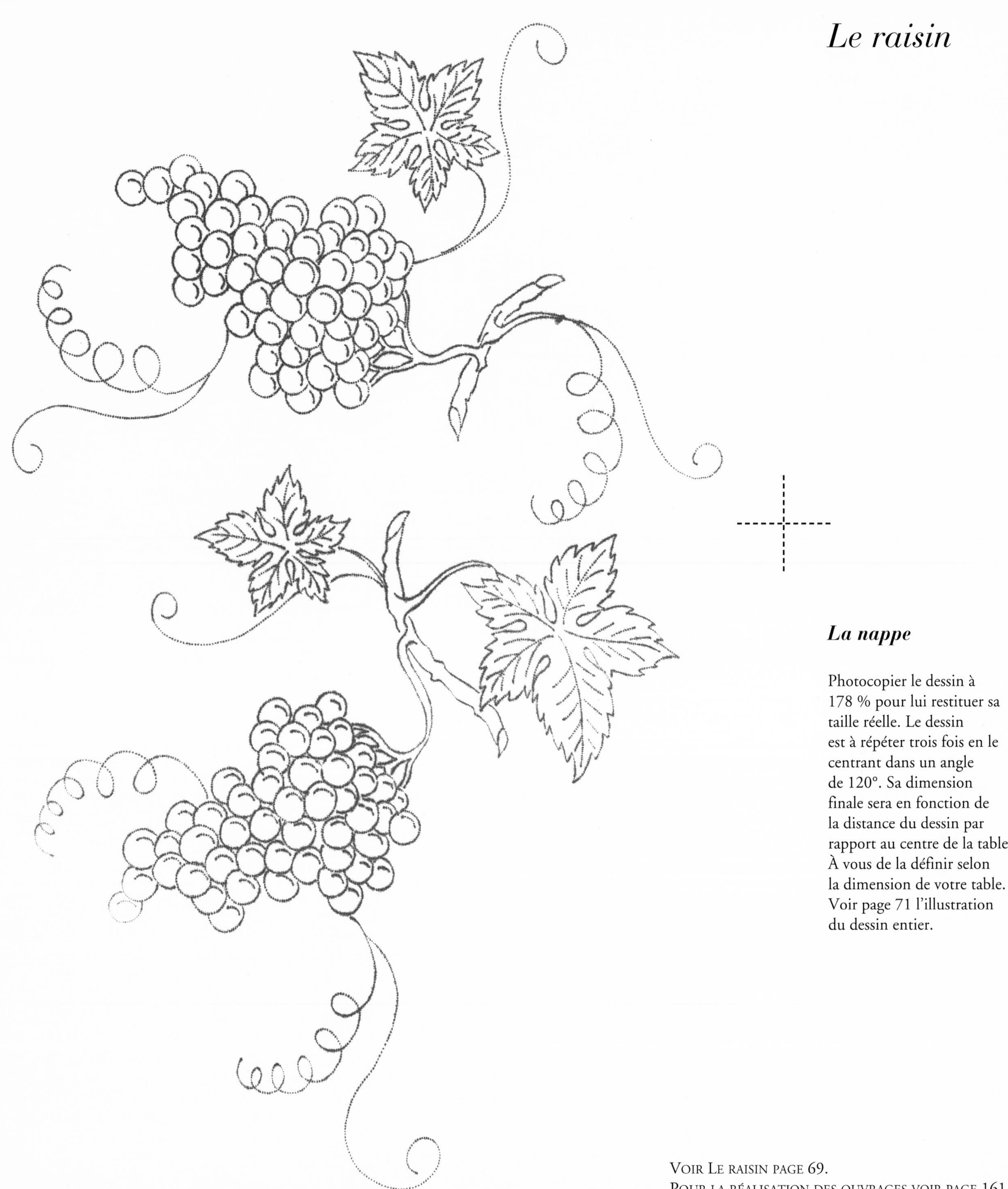

### *La nappe*

Photocopier le dessin à 178 % pour lui restituer sa taille réelle. Le dessin est à répéter trois fois en le centrant dans un angle de 120°. Sa dimension finale sera en fonction de la distance du dessin par rapport au centre de la table. À vous de la définir selon la dimension de votre table. Voir page 71 l'illustration du dessin entier.

Voir Le raisin page 69.
Pour la réalisation des ouvrages voir page 161.

Repère d'angle

# *Nymphéas*

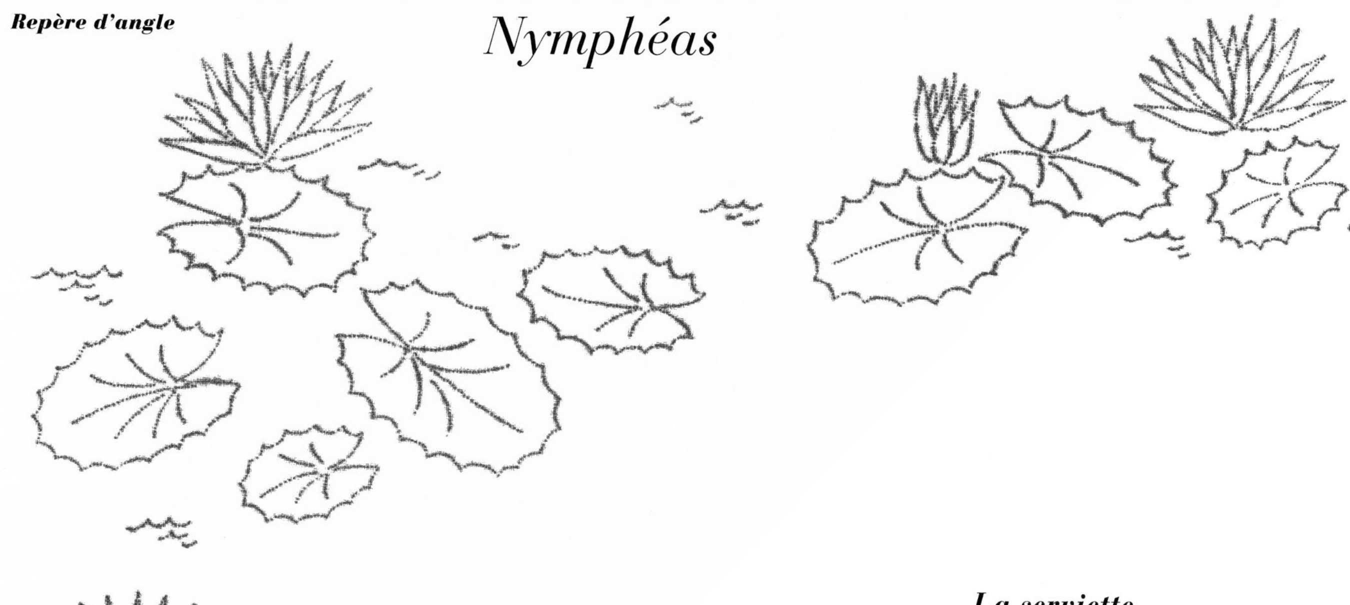

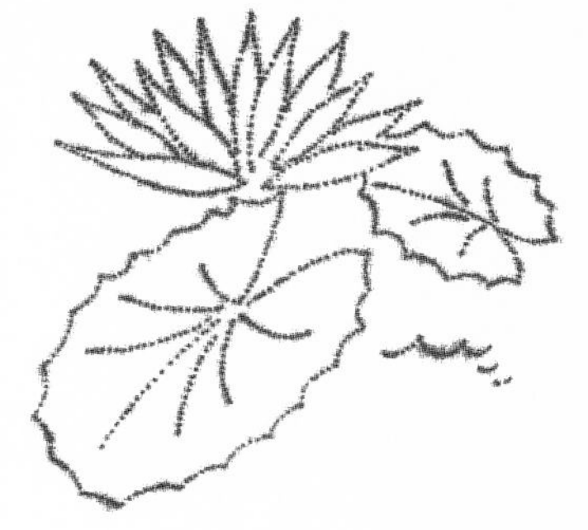

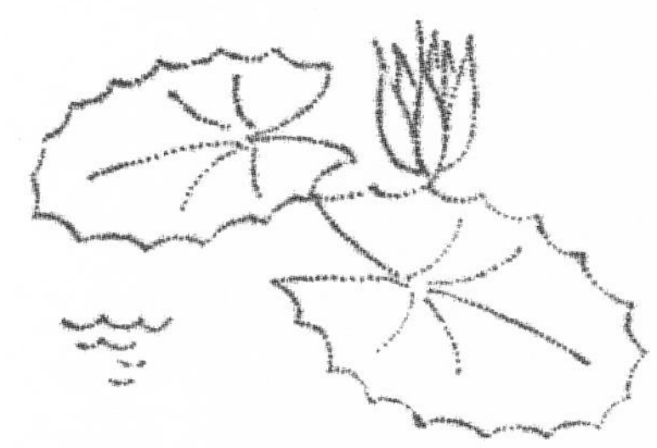

## *La serviette*

Agrandir le dessin et le cadre blanc à 145 %. Placer l'angle du cadre sur l'angle d'une serviette coupée de 50 x 50 cm en les superposant. Le dessin se trouve alors correctement placé. Après confection d'un ourlet de 1,5 cm, la serviette mesure 45 x 45 cm environ.

## *Le set de table*

Photocopier le dessin à 145 % afin de lui restituer sa taille réelle. Les repères d'angle, en haut à gauche et en bas à droite, précisent le placement des ourlets. Placer ces repères à 8 cm des côtés d'un rectangle de tissu de 50 x 60 cm. Après confection d'un ourlet de 2 cm, le set fini mesure 38 x 48 cm.

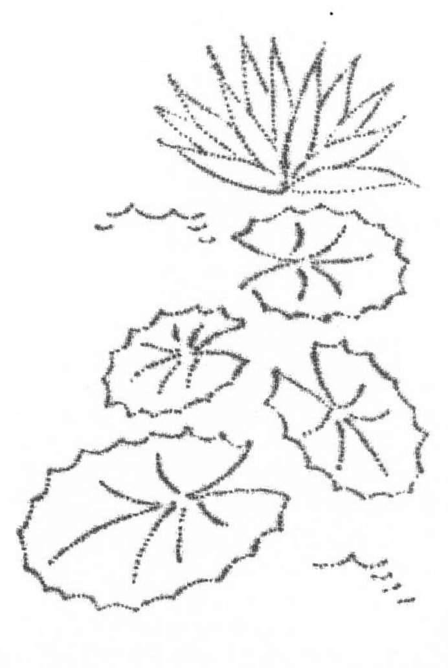

Repère d'angle

VOIR NYMPHÉAS PAGE 73.
POUR LA RÉALISATION DES OUVRAGES VOIR PAGE 161.

*Repère d'angle*

# *Les olives*

### *La serviette*

Agrandir le dessin et le cadre blanc à 149 %. Placer l'angle du cadre sur l'angle d'une serviette coupée de 50 x 50 cm en les superposant. Le dessin se trouve alors correctement placé. Après confection d'un ourlet de 1,5 cm, la serviette mesure 45 x 45 cm environ.

### *Le set de table*

Photocopier le dessin à 149 % afin de lui restituer sa taille réelle. Le repère d'angle précise le placement de l'ourlet. Il permet de disposer le dessin à l'identique sur tous les sets. Placer ce repère à 6 cm des côtés d'un rectangle de tissu de 50 x 60 cm. Après broderie et lavage, recouper au besoin les côtés opposés au repère d'angle pour que le set fini mesure 38 x 50 cm, ourlet de 2 cm inclus.

VOIR LES OLIVES PAGE 75.
POUR LA RÉALISATION DES OUVRAGES VOIR PAGE 161.

**Repère d'angle**

# *Lierre grimpant*

### *La serviette*

Agrandir le dessin et le cadre blanc à 149 %. Placer l'angle du cadre sur l'angle d'une serviette coupée de 50 x 50 cm en les superposant. Le dessin se trouve alors correctement placé. Après confection d'un ourlet de 1,5 cm, la serviette mesure 45 x 45 cm environ.

### *Le set de table*

Photocopier le dessin à 149 % afin de lui restituer sa taille réelle. Le repère d'angle précise le placement de l'ourlet. Il permet de disposer le dessin à l'identique sur tous les sets. Placer ce repère à 6 cm des côtés d'un rectangle de tissu de 50 x 60 cm. Après broderie et lavage, recouper au besoin les côtés opposés au repère d'angle pour que le set fini mesure 38 x 50 cm, ourlet de 2 cm inclus.

Voir Lierre grimpant page 77.
Pour la réalisation des ouvrages voir page 161.

# *Feuilles de chêne*

Voir Feuilles de chêne page 79.
Pour la réalisation des ouvrages voir page 161.

### *La nappe*

Photocopier le dessin à 120 % afin de lui restituer sa taille réelle. Déplacer le dessin trois fois à l'intérieur d'un cercle de 63 cm de diamètre en le calant à chaque fois sur les repères. Voir page 81 l'illustration du dessin complet en centre de table.

# Les trèfles

## *Le set de table*

Photocopier le dessin à 166 %. Le centrer dans un set de table fini de 37 x 47 cm avec un ourlet de 2 cm. Voir les illustrations page 83 pour l'utilisation du dessin sur une parure de lit d'enfant et sur une nappe rectangulaire.

## *Le fond de plateau*

Photocopier le dessin à 182 % pour un fond de plateau de 38 x 48 cm avec un ourlet de 2 cm rabattu dans le point de croix.

Voir Les trèfles page 83.
Pour la réalisation des ouvrages voir page 161.

# *Oranges et citrons*

## *La nappe*

Photocopier le dessin à 116 % afin de lui restituer sa taille réelle. Il représente la moitié d'une couronne. Faire coïncider le repère de milieu du dessin avec le milieu de la nappe. Puis retourner le dessin en le calant sur les repères.

Voir Oranges et citrons page 89.
Pour la réalisation des ouvrages voir page 161.

# *L'orchidée*

Voir L'orchidée page 91.
Pour la réalisation des ouvrages voir page 161.

## *La nappe*

Photocopier le dessin à 114 % afin de lui restituer sa taille réelle. Le placer au centre d'un fond de plateau aux dimensions souhaitées. Voir page 93 comment utiliser le dessin en chemin de table sur une nappe rectangulaire.

# *Pomme de pin*

## ***Le coussin de lecture***

Le dessin est grandeur réelle. Le placer au centre d'une petite taie pour un coussin de lecture de 30 cm de hauteur et 40 cm de largeur avec un volant plat de 6 cm. Le même dessin est à utiliser au centre d'un fond de plateau.

Voir Pomme de pin page 95.
Pour la réalisation des ouvrages voir page 161.

# *Les sapins*

### *Le set de table*

Le dessin est grandeur réelle. Le placer en haut à gauche d'un set de table, ou au centre d'un petit coussin de lecture.

Voir Les sapins page 97.
Pour la réalisation des ouvrages voir page 161.

72°

# *Les étoiles*

## *La nappe*

Le dessin est à taille réelle. Disposer cinq étoiles en couronne en les plaçant toutes selon les indications ci-dessus.

Voir Les étoiles page 99.
Pour la réalisation des ouvrages voir page 161.

### *La nappe*

Photocopier le dessin à 200 % afin de lui restituer sa taille réelle. Voir page 101 comment le répéter en centre de table pour un semis léger d'environ 1 m de diamètre.

# *Le houx et le gui*

## *La nappe*

Photocopier le dessin à 135 % afin de lui restituer sa taille réelle. La couronne se compose de deux motifs à faire raccorder. Voir page 105 l'illustration de la couronne adaptée à une table rectangulaire ou ovale.

Voir Le houx et le gui page 103.
Pour la réalisation des ouvrages voir page 161.

12351
Nappe 390x100
10%

# Réalisation des ouvrages

Tous les dessins que nous avons proposés expriment la grande tradition de la Maison Noël. Certains thèmes, comme l'hortensia et le mimosa, apparaissent dans les archives dès les années 1920. Ils ont évolué au cours du temps, s'adaptant à des produits nouveaux, par exemple les sets de table, et aux différents styles qui ont marqué notre époque.

Nous avons préféré nous concentrer sur l'univers de la table et du lit, pour lesquels nous avons le plus de demandes. C'est pourquoi les illustrations qui accompagnent les photographies des broderies vous suggèrent comment placer les dessins sur des nappes, des sets de table, des parures de lit et des petits coussins qui seront autant d'ouvrages à réaliser pour votre propre usage ou à offrir.

Pour rester fidèles, les dessins sont proposés sous la forme de poncés, c'est-à-dire tels qu'ils apparaissent sur le tissu après le ponçage (l'impression) dans nos ateliers. La qualité d'un ouvrage dépend de la beauté du dessin, mais aussi du soin que l'on met à le préparer, à l'exécuter et à le terminer.

Dans cette dernière partie, nous allons aborder ensemble ces différents sujets, et vous faire partager le savoir-faire séculaire de la Maison Noël, aussi bien dans les données concrètes que dans les détails raffinés. Pour chaque ouvrage, nous vous donnons toutes les explications et tous les conseils pratiques qui vous permettront de maîtriser l'ensemble des étapes de leur réalisation : choix et préparation des tissus, report du dessin, modèles de broderie, et finitions.

Les dimensions des tissus sont indiquées en centimètres pour les largeurs classiques (180 et 240), et en mètres pour les longueurs sauf pour celles au-dessous de un mètre. Les dimensions des tables sont en mètres ; les dimensions des lits en centimètres.

# *Le choix des tissus*

Ce choix sera toujours fait en fonction du type d'ouvrage que vous souhaitez réaliser, nappe, drap, coussin, etc., et du style que vous désirez lui donner.

Une nappe, par exemple, n'aura pas la même apparence si elle est brodée sur un voile léger ou sur une toile plus épaisse. Mais certaines broderies imposent le tissu ; ainsi, le point d'ombre exige-t-il de l'organdi.

La Maison Noël a toujours dessiné ses ouvrages sur les tissus les plus nobles de tradition, que l'on peut trouver en vente au mètre à la boutique.

## *L'organdi*

C'est un voile en pur coton qui a subi, après le tissage, un traitement particulier d'une grande longévité, le glaçage, ce qui lui donne son apprêt caractéristique. Il est utilisé pour les nappes et les napperons à effets de transparence, ou pour les applications. Il demande des broderies fines et légères à un ou deux fils. Sa texture très fine est la plus adaptée aux broderies au point d'ombre. Sa largeur maximale est de 180 cm. Pour des grandes tables, il faudra donc prévoir des faux ourlets.

Son rétrécissement est faible.

## *La mousseline de coton*

C'est un tissu léger d'une texture un peu moins fine que l'organdi. Son apprêt initial n'est pas stable et disparaît au premier lavage. Facile à broder et à repasser, la mousseline pourra être empesée à votre convenance. Réservez-lui des broderies fines pour des nappes légères qui seront aussi faciles à vivre qu'élégantes.

Existant jusqu'en 240 cm de largeur, la mousseline permet des nappes de grandes dimensions, lorsque la table l'exige.

Son rétrécissement est faible.

## *La percale et le satin de coton*

Vous trouverez ces deux tissus en diverses largeurs, jusqu'à 3 m. Ils sont parfaits pour confectionner les parures de lit légères, les parures de berceau ou de lit d'enfant, les enveloppes de petits coussins.

La percale est plus facile d'utilisation que le satin pour le report du dessin comme pour la broderie. Mais la douceur inégalée du satin de coton pourra vous convaincre de la nécessité de consacrer un peu plus de temps au dessin et à l'exécution de la broderie.

Leur rétrécissement est faible.

## *Le lin*

C'est incontestablement le plus noble des tissus, qui convient à tous les articles du linge de maison. Il offre un vaste choix de textures, de largeurs et de couleurs. Le lin a aussi l'avantage de permettre tous les types de broderie. Sa souplesse naturelle lui confère élégance et confort, et sa solidité permet de garantir une remarquable longévité aux articles auxquels vous aurez consacré tout votre temps et votre énergie.

Son rétrécissement inévitable peut varier de 3 à 8 %.

## *Le métis*

Mélange de lin et de coton, le métis peut avoir les mêmes utilisations que le lin. Mais son tissage est moins régulier, et il est également moins souple que le lin. Son principal avantage est d'être meilleur marché.

Son rétrécissement s'apparente à celui du lin.

## *Les tissus mélangés*

Vous pouvez trouver dans le commerce des textiles plus faciles d'entretien comme des voiles de coton et polyester. Sachez cependant qu'ils sont moins agréables à broder, et aussi d'une qualité moins raffinée et moins stable. Seuls les tissus de pur coton restent d'une blancheur irréprochable au fil des années.

Les tissus contenant du polyester ne rétrécissent pas.

# *Le prélavage*

Un tissu neuf est toujours plus agréable à broder. Mais le lin et le coton sont des fibres vivantes et leur rétrécissement, surtout en ce qui concerne le lin, peut surprendre. Il est plus important dans le sens de la chaîne (longueur du tissu) que dans celui de la trame (largeur du tissu). Presque négligeable pour les tissus de coton, il est indispensable d'en tenir compte pour le lin. Ce rétrécissement varie selon les qualités, et peut même être différent selon les pièces à qualité égale. Prévoyez 3 % dans la largeur et 6 à 8 % dans la longueur.

Coupez le tissu en tenant compte du rétrécissement ultérieur, puis brodez-le et lavez-le avant de terminer les ourlets, quitte à recouper un excédent éventuel de tissu pour que votre ouvrage ait les dimensions souhaitées. Il se peut aussi que le lin rétrécisse à chacun des trois premiers lavages. Pour éviter le plus possible un rétrécissement excessif, faites-le tremper dans un grand volume d'eau froide pendant vingt-quatre heures (un seul drap ou une nappe dans une baignoire). Ainsi traité, le lin rétrécira de façon moins importante et en une seule fois.

Dans le cas où des mesures très précises sont indispensables — nappes avec dessin de bordure à l'ourlet, ou fonds de plateau à la forme —, nous recommandons très vivement de prélaver le lin en prenant ces précautions, afin de ne pas avoir de mauvaise surprise : un article peut, en effet, soit devenir trop court, soit ne pas rétrécir autant que prévu.

# La coupe

Les tissus de coton peuvent aisément se déchirer après avoir fait une entaille de 2 cm sur la lisière ou au début du tissu, aussi bien dans le sens de la chaîne que dans celui de la trame. Les lins doivent être coupés à l'aide de ciseaux. Utilisez de bons ciseaux de couturière réservés strictement à cet usage. Placez-vous sous un éclairage satisfaisant pour suivre le droit-fil. Puis vérifiez l'équerre en tirant un fil au ras de la coupe afin de rectifier les éventuelles déviations. Si vous avez juste assez de tissu, tirez un fil avant chaque coupe sur un tissu de préférence non prélavé. Sinon, coupez un peu plus de tissu et rectifiez le droit-fil au moment de faire les ourlets.

## Les nappes

Les dessins ou les schémas de ce chapitre illustrent plusieurs possibilités de concevoir et de confectionner une nappe, en fonction de la forme de la table ou du style que vous souhaitez.

Prenez avec soin les mesures de votre table : longueur, largeur, ou diamètre, hauteur du plateau au sol, qu'elle soit rectangulaire, carrée ou ronde. Pour une table ovale, relevez sur un papier d'emballage, ou sur des feuilles de papier journal accolées, le patron de la moitié ou du quart du plateau.

### *Pour une table rectangulaire*

La retombée d'une nappe — c'est-à-dire la hauteur allant du plateau au bas de l'ourlet — peut varier de 20 à 60 cm, la plus courante étant de 35 cm. Les ourlets ont souvent entre 5 et 10 cm de hauteur.
Pour des ourlets de 10 cm, prévoyez 25 cm en plus dans la longueur et dans la largeur que la dimension souhaitée pour la nappe finie.
Nous préférons les grands ourlets qui donnent aux nappes un joli tombant et une réelle élégance.

***Réalisation A.*** Votre table rectangulaire mesure 1,20 m de largeur et 2,30 m de longueur, vous souhaitez une retombée de 35 cm tout autour du plateau avec un ourlet de 10 cm.
Votre nappe finie aura 1,90 x 3 m.
Vous couperez donc 2,15 x 3,25 m de tissu.

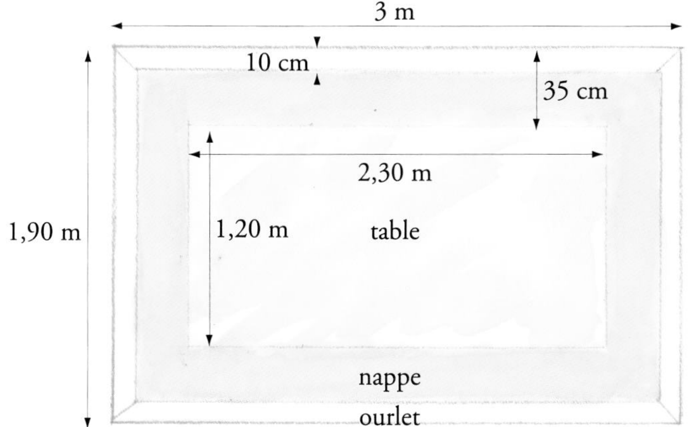


1. NAPPE RECTANGULAIRE AVEC UNE RETOMBÉE CLASSIQUE.

***Réalisation B.*** Toujours pour la même table rectangulaire de 1,20 x 2,30 m, vous voulez une nappe avec une grande retombée de 60 cm. Votre nappe finie aura 2,40 x 3,50 m, et vous devrez faire un faux ourlet tout autour, arrondi dans chaque angle pour que la nappe ne traîne pas au sol.

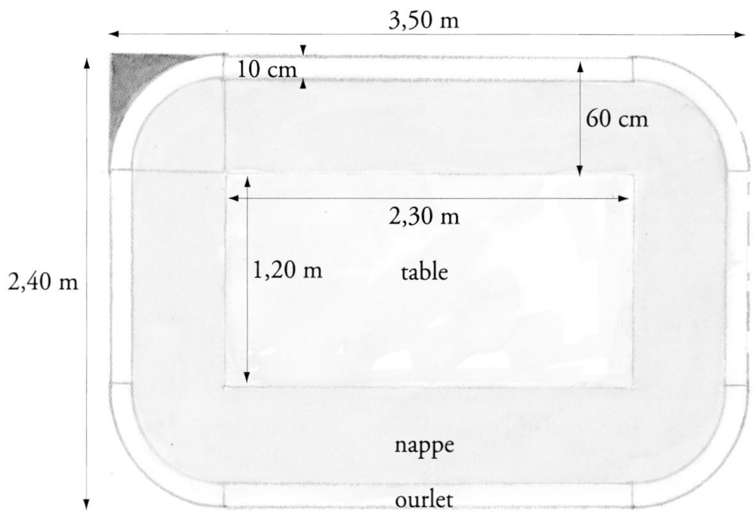


2. NAPPE À COINS ARRONDIS AVEC UNE GRANDE RETOMBÉE.

Le mode d'emploi sera le même pour un jupon de table allant jusqu'au sol, qui sera à calculer selon la hauteur de la table.

Le rayon de l'arrondi devra être égal à la hauteur de la retombée, et sera tracé à l'aide d'un crayon piqué dans un ruban (voir schéma 3). Vous gagnerez du temps en pliant le tissu en quatre pour couper les quatre angles en même temps.

3. Coupe d'une nappe à coins arrondis.

Pour les faux ourlets de cette nappe, vous aurez besoin de huit morceaux de tissu de 12 cm de largeur, quatre morceaux droits et quatre morceaux arrondis (voir schéma 4).

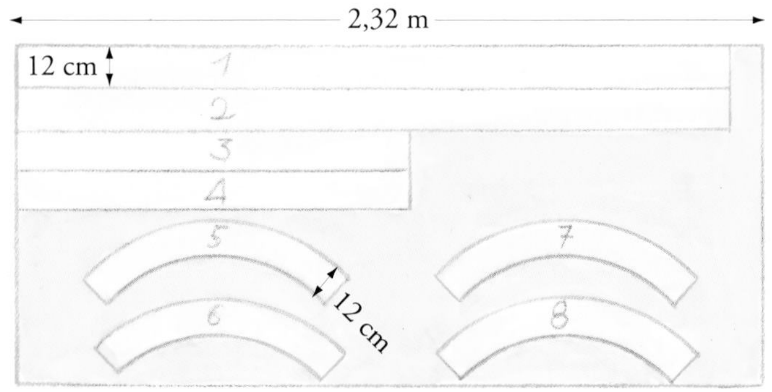


4. Coupe des faux ourlets.

Pour les arrondis, faites un patron sur du papier afin de les tracer plus facilement sur le tissu. Pour un ourlet de 10 cm, tracez-le sur 12 cm de hauteur en gardant 1 cm sur tous les côtés pour les coutures.

La nappe terminée, l'ourlet sera d'un seul tenant sur l'endroit.

Les raccords du faux ourlet ne se verront que sur l'envers (voir schéma 5). Coupez 2,42 x 3,52 m de tissu plus les faux ourlets.

5. Raccords des faux ourlets sur l'envers.

### *Pour une table ronde*

Vous avez le choix entre des nappes carrées ou rondes. On préfère actuellement les nappes carrées, plus faciles à repasser et à plier. Elles sont également plus faciles à confectionner.

#### *Nappe carrée*

Pour un usage quotidien, vous confectionnerez de préférence une nappe dont les pointes ne traînent pas au sol.

Pour une table de fête, vous la disposerez sur un jupon de table allant jusqu'au sol, réalisé dans un tissu dont les tons s'harmonisent avec ceux de la nappe, ou des assiettes, ou encore de votre décor ambiant.

Voici comment calculer le côté d'une nappe carrée que vous souhaitez la plus grande possible, c'est-à-dire les pointes arrivant au ras du sol. Calculez le diamètre de la table plus deux fois sa hauteur, et divisez ce chiffre par 1,41 (voir schéma 6).

Côté de la nappe = (D + 2 H) : 1,41.

***Réalisation.*** Votre table mesure 1,30 m de diamètre et 0,75 m de hauteur. La nappe devra mesurer :

$$\frac{1{,}30 + 0{,}75 + 0{,}75}{1{,}41} = 2 \text{ m de côté.}$$

Vous remarquerez que la retombée R sera de moins en moins haute selon que le diamètre de la table augmentera, la hauteur des tables ne variant que de 70 à 75 cm, environ (voir schéma 6). Vous couperez 2,25 x 2,25 m de tissu.

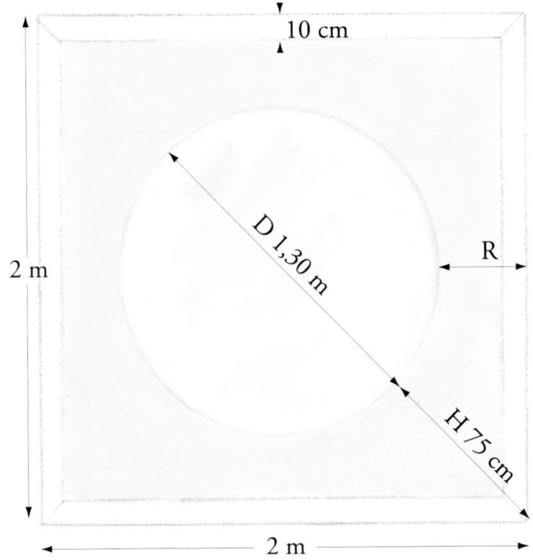


6. Nappe carrée pour table ronde.

*Nappe ronde*

Les nappes rondes demandent une retombée de 40 cm, au minimum, pour que la table soit jolie. Vous disposez de différents types de finitions : faux ourlet, roulotté, pose de galons, de biais, de volant (voir Les finitions, page 183).

• ***Faux ourlet***. Si vous optez pour le faux ourlet, vous aurez deux façons de couper le tissu, tout dépend de sa largeur.

***Réalisation A.*** Pour obtenir une nappe de 1,80 m de diamètre dans un tissu en 240 cm de largeur, vous couperez le faux ourlet en quatre morceaux, un dans chaque angle (voir schéma 7). Vous utiliserez alors un carré de 2,40 x 2,40 m.

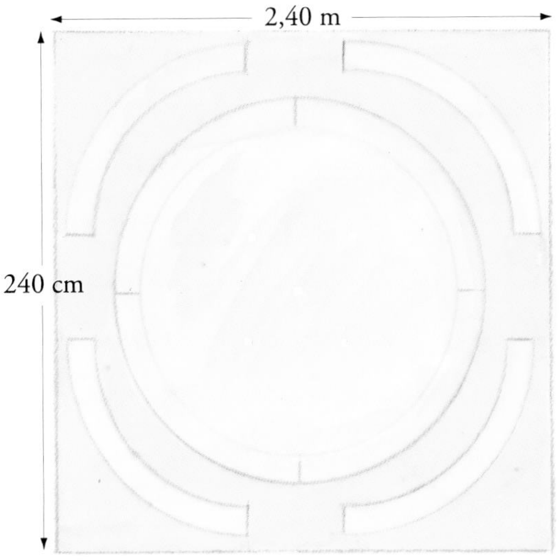


7. Nappe ronde avec faux ourlets dans un tissu en 240 cm de largeur.

***Réalisation B.*** Si votre nappe a un trop grand diamètre pour trouver les faux ourlets dans les quatre angles, ou si le tissu est trop étroit, par exemple en 180 cm de largeur, il faudra couper les faux ourlets à la suite de la nappe. Pour ne pas gâcher de tissu, coupez le cercle de la nappe sur un côté de la pièce et imbriquez les quatre faux ourlets au plus près de cet arrondi (voir schéma 8). La quantité de tissu utilisée est de 2,70 m.

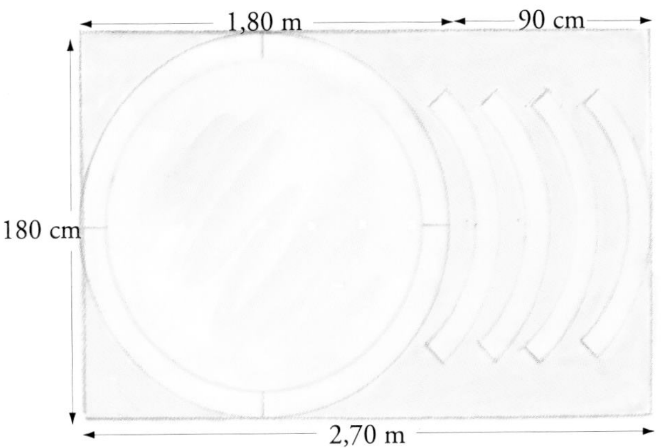


8. Nappe ronde avec faux ourlets dans un tissu en 180 cm de largeur.

• ***Volant***. Pour utiliser au mieux l'organdi en 180 cm de largeur sur des tables larges, nous vous suggérons de faire des nappes volantées qui sont de tradition chez Noël.

Un volant se compose d'une bande coupée droit-fil, froncée et appliquée tout autour de la nappe, en général à 10 cm sous le plateau de la table. Le raccord sera caché par un petit galon appliqué ou par une petite bande d'organdi coupée dans le biais, reliant d'un côté la nappe, de l'autre le volant.

L'ourlet de ce volant est donc droit-fil et se fera sans difficulté particulière.

La bande de tissu nécessaire à la fabrication du volant doit mesurer une fois et demie la circonférence de la nappe coupée de forme ronde, pour que les fronces soient jolies et que la nappe puisse être pliée facilement.

***Réalisation***. Votre table ronde mesure 1,40 m de diamètre. La partie ronde de la nappe sera coupée avec 10 cm de retombée tout autour du plateau plus 2 cm de rentré, soit 1,62 m de diamètre.

Calculez sa circonférence (D x π) : 1,62 m x 3,14 = 5,10 m.

Le volant avant fronçage devra mesurer : 5,10 m x 1,5 = 7,65 m.

Sa hauteur sera fonction de la hauteur de retombée que vous souhaitez. Pour une retombée totale de 40 cm, vous devrez faire un volant fini de 30 cm sous la première retombée de 10 cm. Avec un ourlet de 10 cm, la bande devra mesurer à la coupe 31 cm + 11 cm, soit 42 cm de hauteur.

Bien entendu, ce volant peut se faire en plusieurs morceaux dans une même largeur de tissu. Des petites coutures fines seront à peine visibles dans les fronces.

Vous aurez besoin de 3,54 m de tissu en 180 cm de largeur.

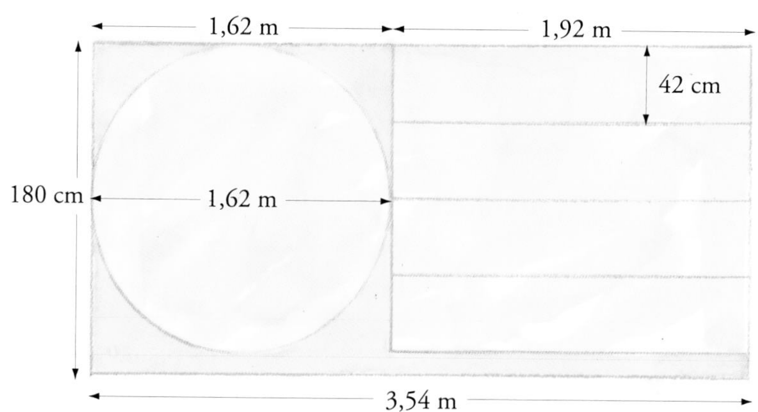


9. Coupe d'une nappe ronde avec volant en quatre parties.

### *Pour une table ovale*

Si vous souhaitez une nappe à la forme de votre table, prenez les mêmes précautions que pour une nappe ronde.

#### *Nappe ovale*

Si votre table est ronde avec des rallonges, ajoutez simplement la largeur d'une ou de plusieurs rallonges au calcul pour une nappe ronde.

***Réalisation A.*** Pour obtenir une nappe de 2,10 x 2,50 m dans un tissu en 240 cm de largeur, vous couperez les ourlets en quatre morceaux, un dans chaque angle (voir schéma 10). Vous aurez besoin de 3 m de tissu.

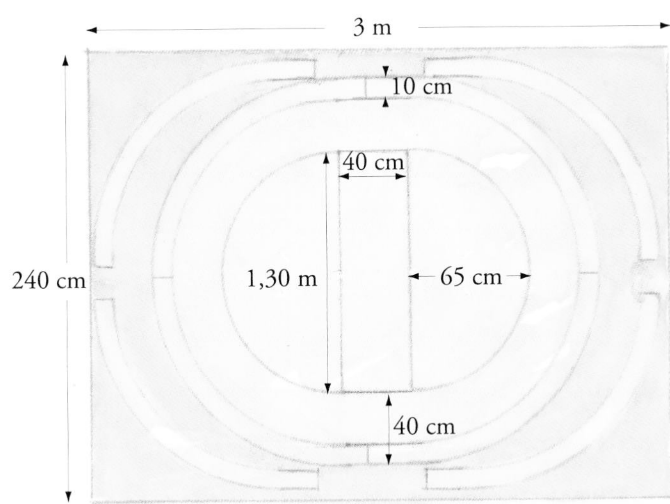


10. NAPPE OVALE AVEC FAUX OURLETS POUR UNE TABLE RONDE À RALLONGE.

***Réalisation B.*** La coupe sera la même pour un ovale particulier. Relevez le patron d'un quart de la table. Posez-le sur le tissu plié en quatre.

Tracez à égale distance du patron des petits repères au crayon, marquant le bord de la nappe à la hauteur de la retombée que vous souhaitez, puis coupez.

Faites un patron des faux ourlets que vous trouverez de la même façon que dans le schéma 7.

#### *Nappe rectangulaire*

Vous procéderez de la même façon que pour une nappe carrée sur une table ronde (voir schéma 6).

Pour une table ronde à rallonges, ajoutez au calcul pour une nappe carrée la largeur de rallonges que vous souhaitez.

***Réalisation A.*** Pour une table de 1,30 m de diamètre et de 0,75 m de hauteur, qui peut s'agrandir avec trois rallonges de 40 cm, une nappe rectangulaire devra mesurer 2 x 2,40 m avec une rallonge ; 2 x 2,80 avec deux rallonges ; 2 x 3,20 m avec trois rallonges.

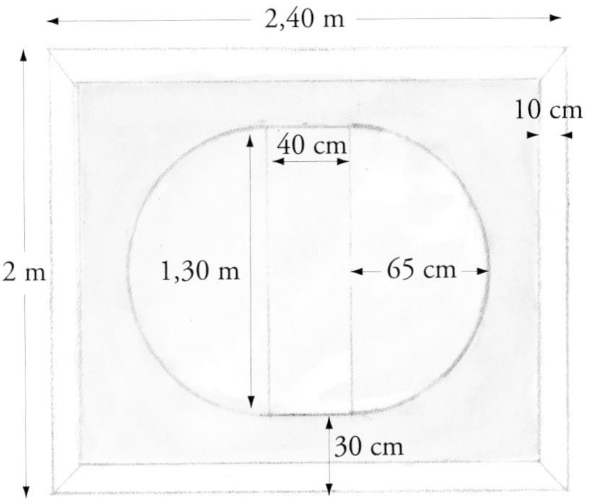


11. NAPPE RECTANGULAIRE POUR UNE TABLE RONDE AVEC UNE RALLONGE.

***Réalisation B.*** Pour une table d'un ovale particulier, posez le quart de patron sur l'angle de la pièce de tissu en marquant bien l'équerre, et éloignez-le de l'angle jusqu'à ce que le bord du patron soit à une distance de l'angle égale à la hauteur de la table (voir schéma 12).

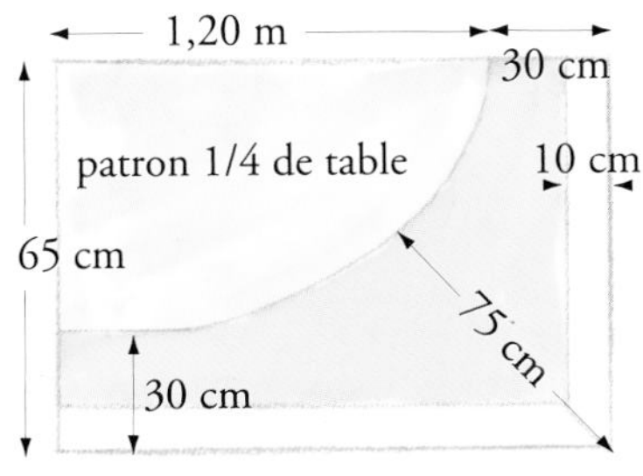


12. OVALE PARTICULIER.

Mesurez alors les distances entre les médianes du patron et le bord du tissu. En ajoutant ces mesures à celles de la table, vous obtenez les dimensions de la nappe rectangulaire finie la plus grande possible, la pointe ne traînant pas au sol. Ajoutez-y les ourlets avant de couper. Vous aurez besoin de 3 m de tissu en 190 cm de largeur.

## *Les serviettes*

Selon les dimensions que vous souhaitez donner à vos serviettes, vous en couperez plus ou moins dans la largeur du tissu.
Si vous les coupez en carré de 50 cm de côté, elles auront environ 45 cm de côté avec un ourlet de 1,5 cm inclus. C'est actuellement la forme la plus courante.
Si votre table est étroite, vous trouverez une dimension de serviette dans la largeur de tissu restant.
***Réalisation.*** Pour une table de 0,95 x 2 m, la nappe avec une retombée de 35 cm et un ourlet de 10 cm doit mesurer 1,65 x 2,70 m.
Le tissu en 240 cm permet d'obtenir une largeur de serviette en plus de la nappe.
Cette nappe avec dix serviettes demande 3,50 m de tissu.

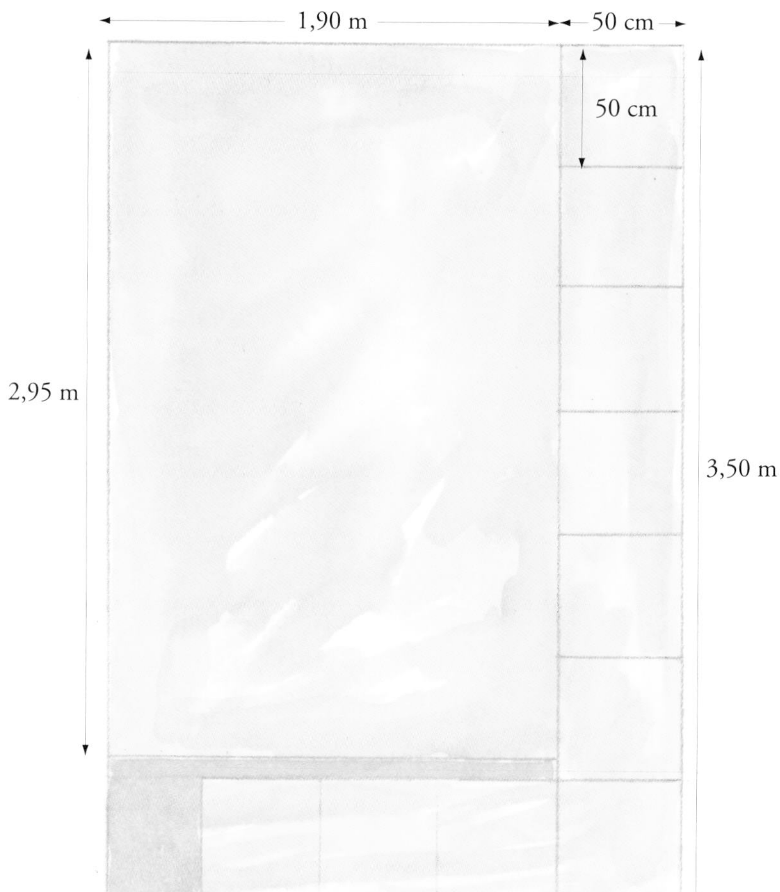


COUPE D'UNE NAPPE ET DE DIX SERVIETTES DANS UN TISSU EN 240 CM DE LARGEUR.

## *Les sets de table et les fonds de plateau*

Nous les exécutons avec des ourlets de 2 cm. Les broderies étant plus importantes, en général, que celles des serviettes, nous recommandons de les couper avec une bonne marge, de façon à placer facilement le tambour. Vous les recouperez si nécessaire après les avoir brodés et lavés, avant de faire les ourlets. Pour des sets de table de 38 x 50 cm finis, vous couperez des pièces de 48 x 60 cm.

## *Les nappes à thé*

Pour une nappe à thé de 1,25 m de côté, par exemple, vous ferez des ourlets de 5 à 7 cm. Vous aurez besoin d'un carré de tissu de 1,40 m de côté.

## *Les carrés de table*

Ces petites nappes peuvent se placer sur des tables rondes, ovales ou rectangulaires, sur une nappe unie. Nous les proposons avec un dessin central, et conseillons de les couper de forme carrée dans du tissu en 180 cm de largeur.

## *Les parures de lit*

### ***Les draps***

Les dimensions classiques des draps sont de :
- 180 x 300 cm pour un lit d'une personne, de 80 à 90 cm de largeur ;
- 240 x 300 cm pour un lit de 140 x 190 cm ;
- 270 x 320 cm pour un lit de 160 x 200 cm ;
- 300 x 320 cm pour un lit de 200 x 200 cm.

***Réalisation.*** Vous ferez des ourlets de 10 cm au revers, de 2 cm au pied avec des rentrés de 1 cm, et de 1 cm sur les côtés avec des rentrés de 0,5 cm. Pour un drap de 270 x 300 cm, vous aurez donc besoin de couper 273 x 314 cm de tissu.

### *Les taies*

Les taies carrées ont souvent 65 cm de côté. Pour confectionner des taies de forme portefeuille, vous les couperez dans la largeur (trame) du tissu. La Maison Noël les réalise toujours avec un volant plat de 7 cm. Les mesures, indiquées sur le schéma 1, tiennent compte de 1 cm pour les coutures, de 2 cm pour les ourlets (1 cm replié). Vous aurez besoin de 81 x 187 cm de tissu.

***Réalisation.*** Pour une couette de 200 x 200 cm, il faut :

• pour la largeur : 222 cm de tissu (200 + 10 + 10 + 1 + 1) ;

• pour la longueur :

- devant plus portefeuille : 262 cm (200 + 10 + 10 + 40 +2),
- dos : 202 cm (200 + 2) ;

soit 4,65 m de tissu environ.

Pour les grandes housses, vous pouvez prévoir des liens ou des boutons sur l'envers en plus du portefeuille.

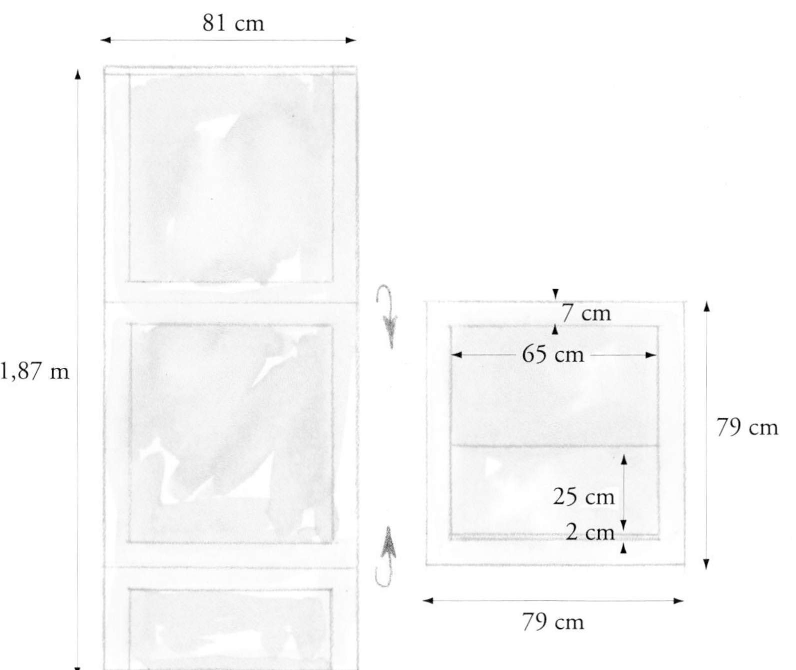


1. Coupe d'une taie portefeuille.

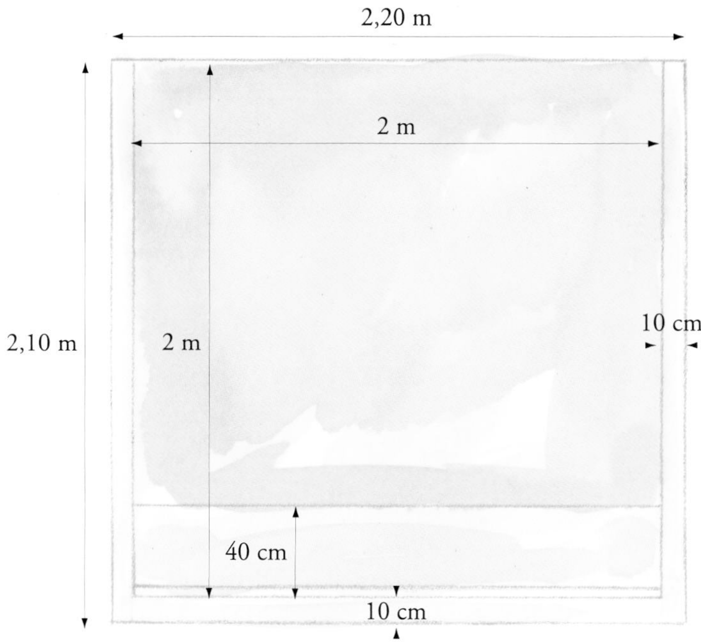


2. Housse de couette de forme taie d'oreiller.

### *Les housses de couette*

Les housses les plus courantes ont 140 x 200 cm, 200 x 200 cm, 220 x 240 cm, et 240 x 260 cm pour les grands lits.

Vous pouvez les confectionner de deux façons : comme une grande taie d'oreiller, ou de forme dite « bouteille ».

• La forme taie d'oreiller a un volant de 10 cm sur trois côtés, celui du haut est supprimé. Une ouverture portefeuille est faite au pied avec un rentré de 40 cm (voir schéma 2).

• La forme « bouteille » est plus simple. L'endroit et l'envers sont identiques (voir schéma 3, page 172).

***Réalisation.*** Pour une couette de 200 cm de côté, vous aurez besoin de 4,85 m de tissu (200 + 40 + 2 pour chaque face) sur 2,02 m de largeur.

Les coutures des côtés auront 1 cm de rentré, et l'ourlet du rabat aura 1 ou 2 cm de hauteur.

Vous pouvez facilement adapter cette forme à toutes les dimensions de couettes.

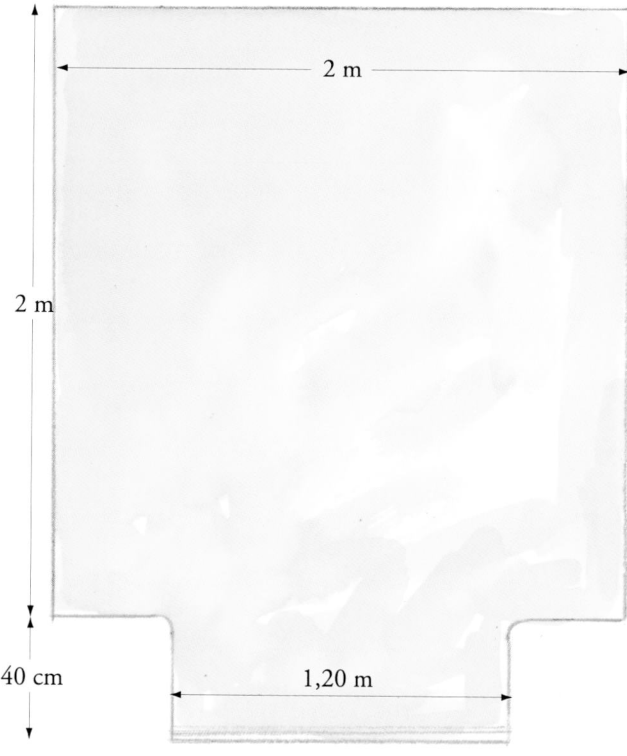


3. Housse de couette de forme « bouteille ».

## *Les parures de lit d'enfant*

Les draps pour un lit classique mesurant 60 x 120 cm ont des dimensions de 120 x 180 cm. L'ourlet du revers a 7 cm, celui du pied 2 cm, et les deux ourlets de chaque côté 1 cm. Vous aurez donc besoin d'une coupe de tissu de 124 x 190 cm.

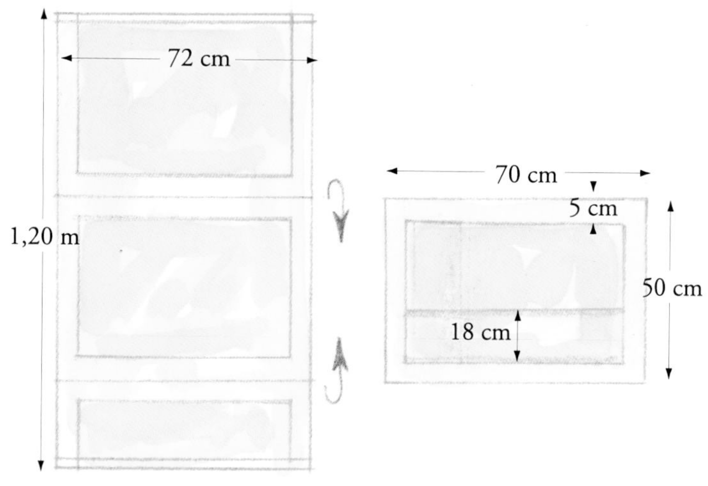


4. Taie d'oreiller pour lit d'enfant avec l'ouverture en bas.

L'oreiller mesure 40 x 60 cm. Les taies peuvent être confectionnées avec une ouverture aussi bien en bas (voir schéma 4) que sur le côté (voir schéma 5). Le choix se fera en fonction de la quantité de tissu dont vous disposez.

***Réalisation A.*** La coupe de tissu nécessaire est de 72 x 120 cm. Le rentré est de 16 cm dans la largeur (voir schéma 4).

***Réalisation B.*** La coupe de tissu nécessaire est de 52 x 160 cm. Le rentré est de 16 cm dans la hauteur (voir schéma 5).

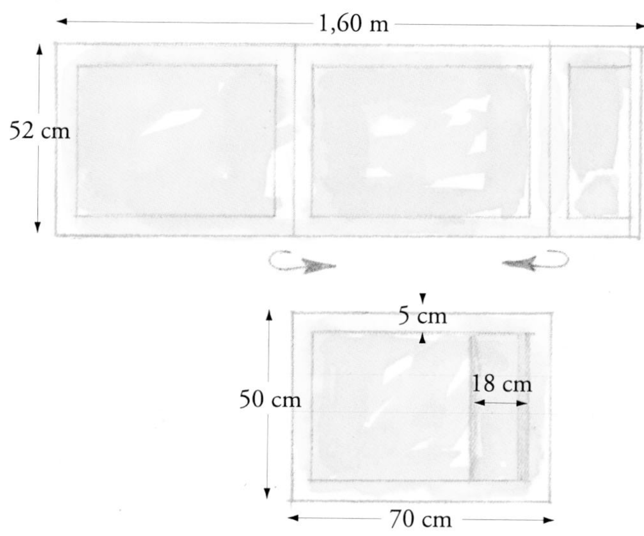


5. Taie d'oreiller pour lit d'enfant avec l'ouverture sur le côté.

Si votre bébé dort sans oreiller, nous proposons de reporter le dessin de la taie sur le drap de dessous ou sur une bande de tissu de 40 cm de hauteur et de 1,30 m de largeur, que vous borderez sous le matelas de chaque côté.

## *Les petits coussins de lecture*

Le calcul de la coupe est le même que pour celle des taies de bébé (voir schémas 4 et 5).

Nous les proposons le plus souvent en 30 x 40 cm de dimensions, avec un volant plat de 6 cm.

Pour le modèle A, avec l'ouverture en bas, la coupe de tissu nécessaire est de 54 x 104 cm.

Pour le modèle B, avec l'ouverture sur le côté, la coupe de tissu nécessaire est de 44 x 124 cm.

# Le report du dessin

## Le matériel

- Du papier-calque en feuilles de 50 x 65 cm, de 70-75 g/m$^2$.
- Du papier carbone ou un crayon transfert.
- Des crayons à mine noire H, HB et B.
- Une gomme.
- Une règle graduée.
- Un rapporteur.
- Des poids ou des gros galets.
- Une plaque de 53 x 76 cm ou de 76 x 106 cm, en carton dur, de 3 mm d'épaisseur, utilisé pour la reliure ou pour l'encadrement.
- Une table ferme et bien plane.
- Un bon éclairage.

Vous avez préparé le tissu que vous souhaitez broder après avoir choisi le dessin. Vous devez, en premier lieu, rendre au motif sa dimension réelle. L'agrandissement nécessaire à faire à la photocopieuse est indiqué pour chaque poncé. Afin d'éviter le plus possible les raccords, utilisez de préférence le format de papier A3.
Si le poncé occupe deux pages, vous raccorderez les deux parties du dessin en superposant les deux pointillés, et vous ferez un montage précis de plusieurs photocopies réunies par du ruban adhésif.
Si vous utilisez un dessin en symétrie, relevez-le sur un papier-calque que vous photocopierez des deux côtés, ou faites vos photocopies directement sur du papier-calque.

## Les différentes techniques

Le ponçage, ou impression du dessin, au moyen d'une poudre et de calques perforés est une technique délicate qui demande un matériel professionnel spécifique.

Vous disposez, en revanche, de plusieurs techniques pour reporter les dessins proposés : le papier carbone, le décalquage classique et le crayon transfert.

### *Le papier carbone*

Il existe en mercerie des carbones spéciaux pour la broderie et les patrons. Pour la broderie, préférez les feuilles de couleur bleue, le dessin sera plus lisible et moins fatigant à suivre.
Vous pouvez aussi utiliser du papier carbone pour écriture à la main, que vous trouverez en papeterie. Veillez à frotter le moins possible en dehors du dessin afin de ne pas salir le tissu.

### *Le décalquage classique*

Il est tout à fait suffisant pour un petit dessin vite brodé. Frottez l'envers du calque au crayon gras, et repassez le dessin sur l'endroit avec un crayon dur bien pointu pour que le trait soit fin et facilement recouvert par la broderie, le crayon s'éliminant moins bien au lavage que le carbone et le transfert.

### *Le crayon transfert*

C'est un crayon spécial que vous trouverez dans toutes les bonnes merceries. Il est parfait pour les contours et, en général, pour tous les dessins ne comportant pas de détails trop fins.
Relevez le dessin sur une feuille de calque avec le crayon (attention au sens, car vous retournerez le papier pour appliquer le dessin). Appliquez le calque côté transfert sur le tissu à l'endroit voulu, maintenez fermement, puis repassez avec un fer doux. Le dessin est reporté sur le tissu avec un trait plus large qu'un trait de crayon habituel et un peu plus large qu'avec un papier carbone, mais il est très net et s'effacera facilement au lavage.

## *Comment reporter le dessin sur le tissu*

Repérez tout d'abord le milieu d'une nappe en pliant le tissu en quatre dans le droit-fil. Marquez ces plis à l'ongle ou au fer à repasser. Posez deux épingles au croisement de ces plis. Évitez les marques au crayon qui ne seraient pas recouvertes par la broderie, elles disparaissent difficilement au lavage.

Repérez également les angles et les ourlets, avec des épingles puis avec un fil de bâti, de façon à placer, bien symétriquement, les dessins de bordure ou d'angle.

Placez le tissu bien à plat et droit-fil sur un support lisse et suffisamment ferme, qui vous permette de reporter le dessin finement. Nous conseillons d'utiliser une feuille de carton redoublé gris pour encadrement et reliure. Vous pouvez alors procéder au report du dessin.

Placez le carbone sur le tissu à l'emplacement de la future broderie. Posez votre dessin par-dessus, et maintenez le tout par des poids. Les poids hexagonaux de 1 et 2 kg sont l'idéal. Mais vous pouvez les remplacer par tout autre objet stable et lisse d'une masse équivalente, comme des boîtes de conserve lourdes ou de gros galets de torrent.

Suivez soigneusement le dessin, sans omettre aucun détail, avec un crayon dur ou un stylo à bille fine. Vérifiez de temps à autre votre tracé, en soulevant l'un ou l'autre poids, afin de reprendre les manques éventuels.

Si vous craignez que le dessin perde de sa netteté, reportez-le étape par étape, au fur et à mesure que vous brodez.

Pour une nappe, commencez par le centre de table, puis faites chaque angle ; pour un drap, exécutez motif après motif.

Il vous suffira de donner un coup de fer à l'endroit où vous allez dessiner pour que le dessin soit le plus net possible.

# La broderie

## Le matériel

- Des aiguilles de différentes grosseurs.
- Un dé.
- Des ciseaux de brodeuse.
- Un ou deux tambours.
- Des cotons à broder.

### Les aiguilles

Il est important de travailler avec des aiguilles adaptées à la finesse de la broderie choisie et au point utilisé.
Les aiguilles dites « à broder » ont un chas fin et allongé. Pour répondre à tous les besoins, achetez un paquet d'aiguilles dont les grosseurs vont du n° 5 au n° 10 (plus l'aiguille est fine, plus le numéro est élevé).
La plupart de nos broderies, surtout celles qui sont exécutées au passé empiétant, sont faites à un fil, c'est-à-dire en utilisant un seul des six brins d'une aiguillée de coton Mouliné Spécial DMC. Prenez une aiguille fine, sans toutefois qu'elle soit plus fine que le coton. L'aiguille prépare le passage du coton. Si le trou est trop fin, le coton accrochera la toile et la broderie sera moins aisée. Vous utiliserez une aiguille plus grosse que le coton pour le point de croix et pour le point de Paris.
Les aiguilles vont se faire à votre doigté et se courber à l'usage. Ce n'est pas ennuyeux, tant que vous n'êtes pas gênée dans vos mouvements. Mais changez-les dès que les pointes s'émoussent.

### Le dé

Il vous aidera à exécuter un travail rapide et régulier. Le fait de pousser l'aiguille, aussi bien avec le bout du dé qu'avec son pourtour, permet de placer le doigt de différentes façons toujours avec la même efficacité, ce qui ne serait pas possible à main nue. Le bout du doigt est une zone sensible qu'il faut protéger du contact répété de l'aiguille. Le port du dé permet ainsi une broderie plus rapide et plus belle. Si vous brodez pendant de longues périodes en maintenant votre ouvrage sur l'index, vous porterez un protège-doigt en matière plastique, afin de faire glisser l'aiguille sans vous meurtrir.

### Les ciseaux

En plus de bons ciseaux de couturière pour la coupe des tissus et du lin en particulier, vous aurez besoin de petits ciseaux de brodeuse à bouts pointus. Vous pourrez ainsi travailler finement les ourlets à la forme, cranter, et défaire sans difficulté quelques points.

### Le tambour

Il est indispensable de se servir d'un tambour pour que le tissu se déforme le moins possible autour de la broderie.
Son utilisation, qui peut sembler une contrainte aux débutantes, devient vite, au contraire, une aide et même un plaisir.
Si vous faites l'essai d'un petit morceau de broderie sans tambour, vous pouvez penser au début que tout va bien, mais quand la broderie sera terminée, le tissu froncera forcément tout autour, et il sera impossible de l'aplatir même au fer à repasser. C'est l'ouvrage entier qui sera déformé.
Ayez plusieurs tambours afin de travailler différemment. Avec un petit modèle de 12 cm de diamètre, environ, vous aurez votre travail bien en main, et il vous sera facile d'accéder à n'importe quelle partie de la broderie sans crisper la main.
Pour les dessins plus importants, choisissez de préférence un grand tambour pouvant se fixer, ce qui vous évitera de le déplacer sans cesse. Il existe des modèles à vis, à serrer sur un bord de table ou sur un bras de fauteuil ; ou d'autres modèles

montés sur un pied en forme de semelle plate sur lequel vous pouvez vous asseoir. Le tambour est ainsi fermement maintenu et peut être utilisé aussi bien dans un salon qu'à la plage.
Ces tambours fixes facilitent en outre le travail à deux mains, l'une au-dessus de l'ouvrage, et l'autre au-dessous. C'est une technique qui demande de la pratique. Quand vous vous serez familiarisée avec elle, vous gagnerez un temps précieux.
Quel que soit le tambour, vous gainerez le cerceau intérieur d'un ruban ou d'une bandelette de tissu que vous ferez tourner régulièrement en biais tout autour, puis que vous fermerez par quelques points en évitant toute surépaisseur. Votre ouvrage sera ainsi mieux tenu, le tissu se détendra moins vite, et le tambour marquera moins le tissu.
Il vous faudra, cependant, en cours de broderie, réajuster régulièrement la tension en tirant sur l'extérieur du tissu. Veillez à ce qu'il soit toujours parfaitement d'équerre à l'intérieur du tambour. Un tambour mal employé est inutile, voire nocif. Le but de son utilisation est de vous permettre une tension régulière permanente du tissu, indispensable pour obtenir une belle broderie.

### *Les cotons à broder*

La gamme très riche des cotons à broder DMC offre un vaste choix de matières, de couleurs et de nuances. Nous utilisons exclusivement le Mouliné Spécial 25. La broderie la plus fine et la plus facile se fait avec un seul des six brins que comporte une aiguillée. Avec un brin, on « sent » mieux sa broderie. Pour le passé empiétant surtout, vous nuancerez beaucoup plus facilement, et le fil se place mieux que si vous brodez à deux fils ; la broderie est plus souple, régulière et permet des finesses de sens et de détails analogues à celles qu'un peintre obtient avec un pinceau très fin. Certaines broderies peuvent demander deux ou trois fils. Le contact des fils entre eux fait que l'un des deux se détend régulièrement. Pour que la broderie soit belle, il faut prendre garde à souvent vérifier la tension, lisser l'aiguillée, et tirer au besoin sur le fil paresseux.
Nous utilisons également le « Broder Spécial ». Cette qualité de fil en n° 25 remplace agréablement trois brins de Mouliné Spécial pour le point de croix. On le trouve dans une soixantaine de références de couleurs assorties aux Moulinés.

### *Les fils d'or et d'argent*

Leur présence dans une broderie peut en modifier considérablement le style. Nous nous servons aussi bien de fils d'or que d'argent dans nos réalisations.
Utilisé comme couleur de base, l'or donnera beaucoup de richesse à une broderie. Mais l'or n'est pas seulement symbole de richesse, il est surtout l'expression de la lumière. Des détails au fil d'or vont souligner, ponctuer, rythmer, et surtout éclairer la broderie, de façon discrète et tellement efficace. Introduit au cœur même de la couleur, il la rend plus vivante. Le fil d'argent, quant à lui, est utilisé comme toute autre couleur. Ces deux fils sont un peu plus délicats à broder que le coton. Vous ferez des aiguillées courtes. Vous remarquerez, en faisant glisser le fil entre deux doigts, qu'il est un peu plus « lisse » dans un sens que dans l'autre. Enfilez-le sur l'aiguille de façon que l'aiguillée travaille dans ce sens-là, la broderie sera plus facile.

# *Les points de broderie*

Les différents points que nous proposons dans le détail sont tous utilisés pour les broderies de ce livre.
Quel que soit le point choisi, évitez absolument les nœuds au début ou à la fin d'une aiguillée. Passez le fil sur l'envers de la broderie sur 2 cm environ. Pour la toute première aiguillée, laissez ressortir le bout de l'aiguillée sur l'endroit, et soit vous parviendrez à l'englober dans la broderie tout de suite, soit vous le cacherez ensuite sur l'envers.

## *Le point de tige*

C'est le point de base le plus couramment utilisé dans la broderie en ligne (voir par exemple, Frise de trèfles page 84, Le blé page 52, Pomme de pin page 94). Il a un aspect différent selon que l'aiguille est plus ou moins inclinée.

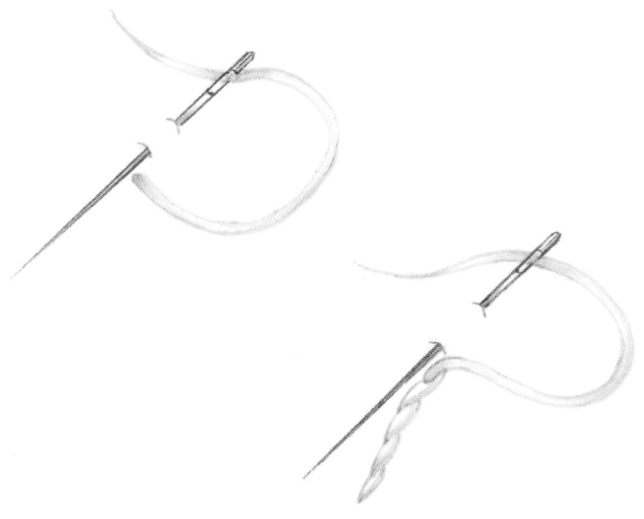

Le dessin se travaille de gauche à droite, dans le sens de la torsion du fil. Le bas de chaque point vient toucher le haut du point précédent. Faites des petits points pour qu'ils s'imbriquent bien les uns dans les autres, donnant l'impression d'une cordelette. On peut l'utiliser également en remplissage (voir La tulipe page 12), lorsque l'on ne maîtrise pas assez le passé empiétant.

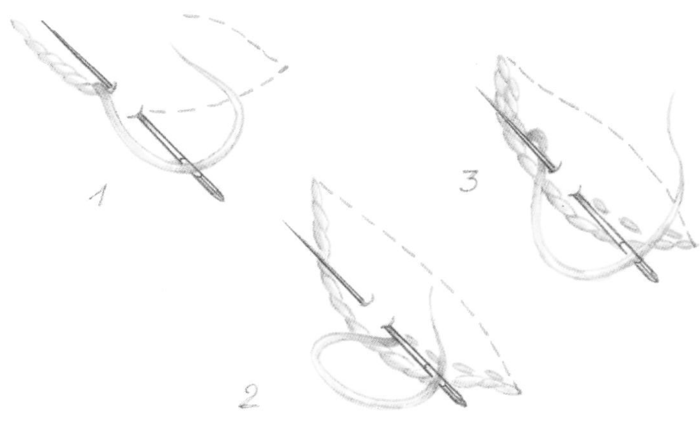


Une ancienne tradition chez Noël consiste à monter de gauche à droite (1) au point de tige et, afin de ne pas avoir sans cesse à retourner l'ouvrage, à redescendre le long de ce point de tige au simple point de devant (2), puis à remonter au point de tige en cachant le point de devant (3), et ainsi de suite jusqu'au remplissage complet de la zone à couvrir.

## *Le point de reprise*

C'est un simple point de devant qui se travaille souvent à deux fils, à longs points sur l'endroit, et à petits points sur l'envers, en rangs alternés. Il demande de la régularité, et a le grand avantage de permettre un ouvrage totalement souple d'une grande rapidité d'exécution.

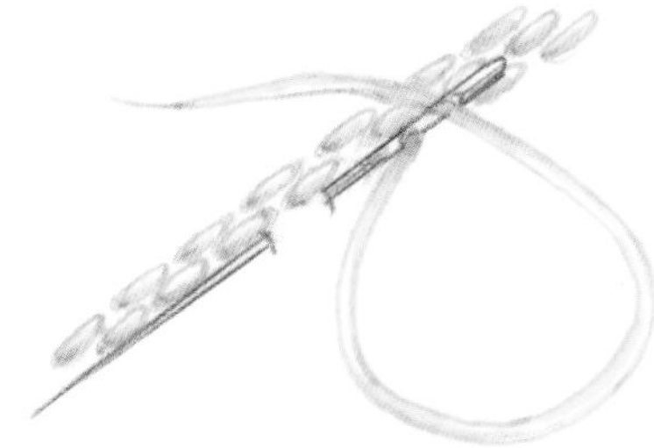

Il permet des remplissages assez légers particulièrement adaptés aux larges tiges (voir Les fougères page 24, Zinnias page 64), aux bordures (voir L'églantine page 14, Zinnias page 64), et aux feuilles (voir Delphinium page 38).

### *Le point lancé*

Il se brode à un ou deux fils, d'un seul point couvrant tout dessin trop court pour y exécuter du point de tige (voir les feuilles des mimosas page 16, Les sapins page 96).

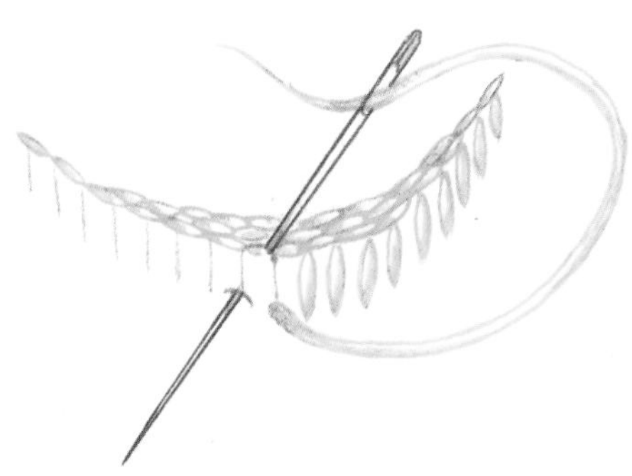

Il peut aussi s'utiliser à quatre ou six fils pour broder rapidement certains dessins, par exemple les petites fougères (voir page 30). On le brode à un ou deux fils en complément d'un passé plat ou d'un passé empiétant.

### *Le point de passé plat et le plumetis*

Le point de passé plat est constitué de points lancés serrés les uns contre les autres.

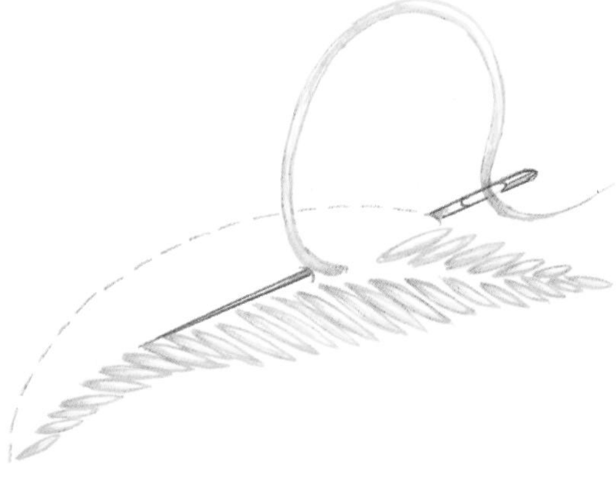

Il se travaille à un ou deux fils pour des pois, des feuilles étroites et longues (voir Zinnias page 64), des petits pétales. Pour les feuilles, brodez de part et d'autre de la nervure centrale en piquant régulièrement pour que les bords soient nets.

Le plumetis est un passé plat auquel on donne plus de relief par un bourrage constitué de petits points avant, remplissant le motif à broder.

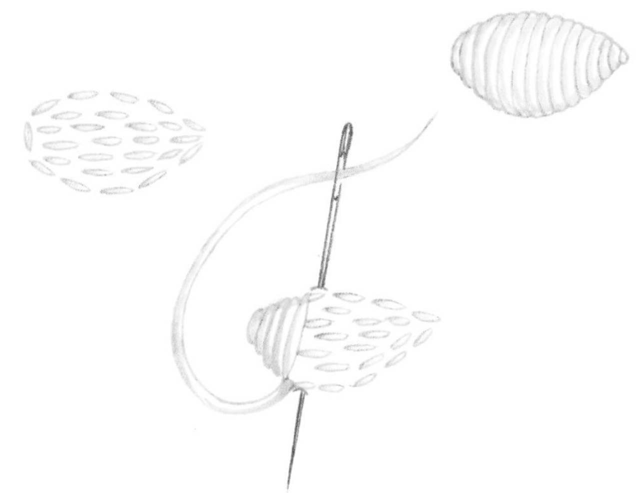

On l'utilise particulièrement pour les pois (voir Le lierre grimpant page 76, Le houx et le gui page 102).

### *Le point de passé empiétant*

C'est le point qui demande le plus long apprentissage, et dont la broderie est la plus aboutie. C'est aussi celui qui donne le plus de satisfactions quand on le maîtrise bien. Il permet de remplir complètement des surfaces en leur donnant le modelé souhaité, accomplissant ce que l'on appelle la « peinture à l'aiguille ». La brodeuse doit, en effet, faire preuve de la même sensibilité, du même sens de l'observation et des nuances qu'un peintre.

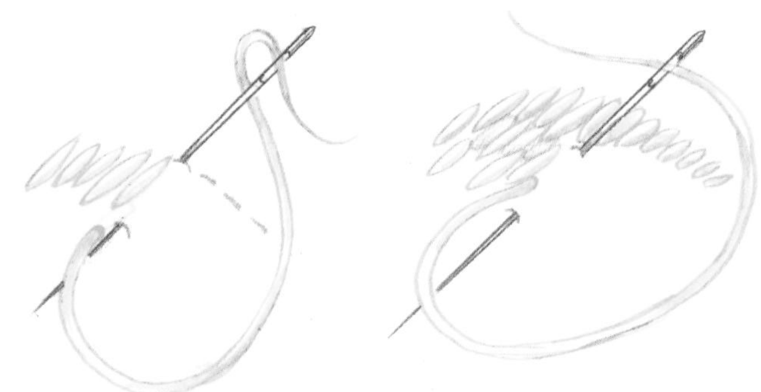

Travaillé exclusivement à un fil, le passé empiétant demande une grande finesse dans l'imbrication des points, tant pour le modelé et le relief que pour le mélange des couleurs.
La forme d'un dessin décide, la plupart du temps, de la longueur et du sens des points. Après avoir bien observé les photographies de nos ouvrages puis vous être exercée à cette technique, vous découvrirez comment l'œil et la main travaillent ensemble pour votre plus grand plaisir.

### *Le point de bouclette*

C'est un point facile et amusant, à la fois rapide et décoratif. Il peut se broder à un fil pour une broderie fine et graphique, ou à deux fils pour plus de relief et une couleur plus intense (voir Les fougères pages 24, 26, et 28).

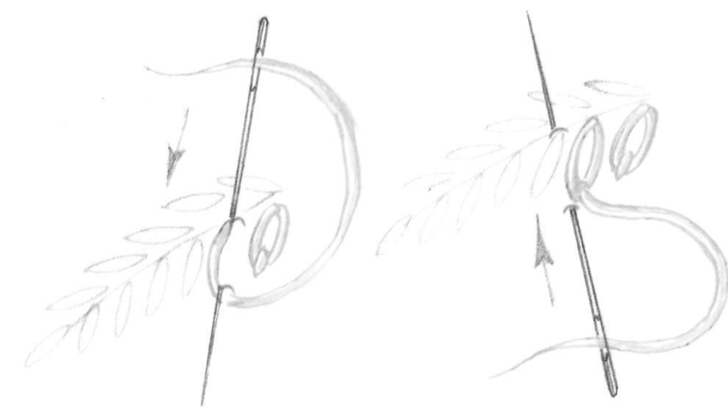

Chaque bouclette est un point de chaînette isolé, tenu par un point à cheval du côté extérieur du dessin.
Veillez à exercer toujours la même tension sur chaque bouclette.

Pour passer d'une bouclette à l'autre, choisissez le sens de broderie qui vous donnera les points les plus courts sur l'envers, cela afin d'éviter que la pointe du fer à repasser n'arrache des points trop longs.

La bouclette peut être fermée (fougères) ou ouverte selon ce que vous souhaitez broder. Ainsi chaque pétale des zinnias (voir page 64) est-il constitué d'une bouclette ouverte en contour et d'une bouclette fermée à l'intérieur.

### *Le point d'ombre*

C'est un point qui se brode sur l'envers pour remplir, par croisement des fils, des surfaces de formes variées. Apprécié pour les effets de transparence qu'il permet sur l'organdi, il demande beaucoup de régularité et de finesse pour être réussi (voir Delphinium page 38, et Hortensia page 44). *(Suite page 180.)*

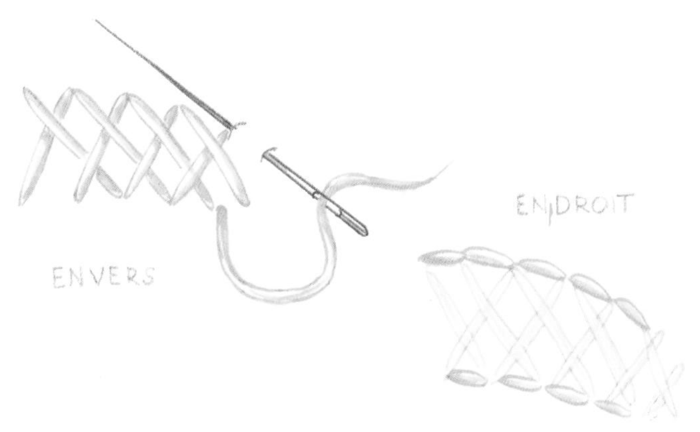

Si la régularité du croisement des fils est indispensable pour une jolie transparence, elle l'est aussi pour la qualité des points de piqûre visibles sur l'endroit. Pour cette raison, le point d'ombre est plus beau et plus facile quand on le brode à un fil. La broderie s'exécute de gauche à droite du dessin. Veillez à bien piquer deux points voisins dans le même trou et à les faire de la même longueur, ainsi l'endroit sera-t-il parfait.

### *Le point de poste*

C'est un point noué long, qui vous permettra de faire de jolis grains de blé en relief sans que la toile tire, quelle que soit sa finesse. Il se brode à deux fils.

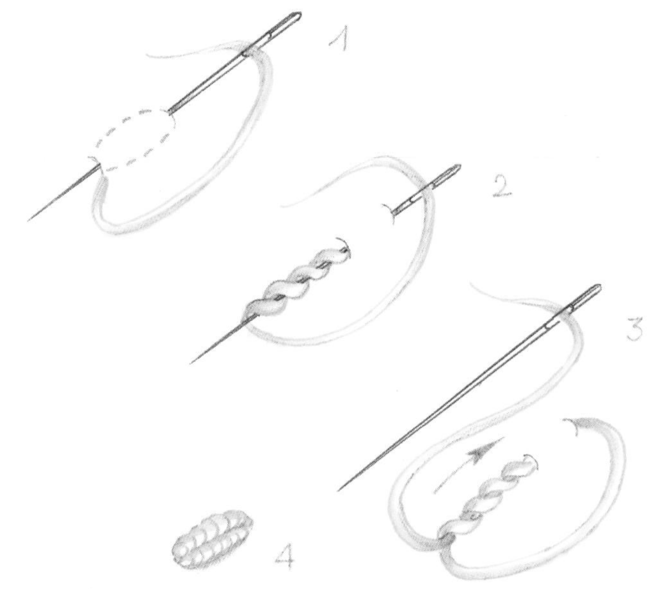


1. Sortez l'aiguille à la pointe gauche du grain de blé. Piquez-la à la pointe droite, et ressortez à gauche au point de départ.
2. Tournez le fil autour de l'aiguille autant de fois que nécessaire pour couvrir la longueur du grain de blé.
3. En maintenant ces boucles, sans serrer, entre le pouce et l'index, tirez sur l'aiguillée jusqu'au bout. Repiquez à droite en couchant le « petit boudin » ainsi constitué.
4. Deux boudins, brodés côte à côte, partant des mêmes points, forment ainsi un grain de blé.

### *Le point de Palestrina*

C'est aussi un point noué, idéal pour des broderies en ligne. Selon le nombre de fils utilisés, il a un relief plus ou moins marqué. La frise de trèfles (voir page 84) est brodée à trois fils.

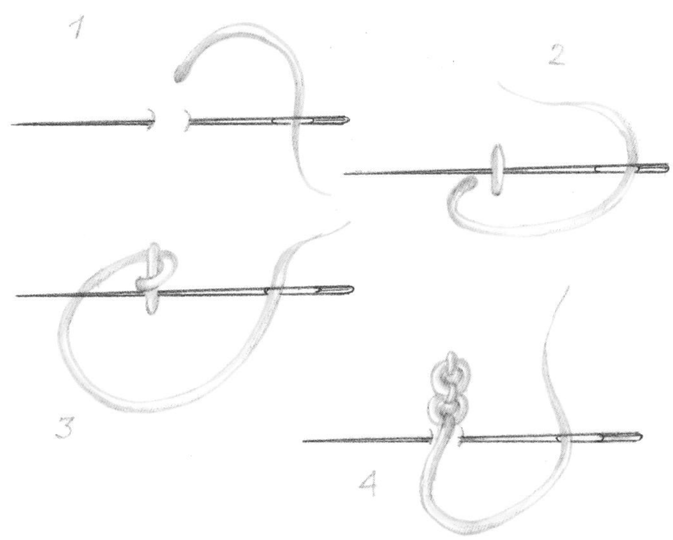


1. Sortez le fil au début de la ligne. Piquez en travers de la ligne, de droite à gauche, à 1,5 ou 2 mm plus bas, et gardez toujours le même écart.
2. Passez l'aiguille sous le point obtenu, sans prendre le tissu, également de droite à gauche.
3. Passez une deuxième fois sous le premier passage en ressortant l'aiguille à l'intérieur de l'aiguillée, pour obtenir un point noué que vous serrez avant de recommencer.
4. Recommencez les étapes 1, 2 et 3.

À chaque changement de fil, faites sortir l'aiguillée au cœur du nœud précédent, et vérifiez-en régulièrement la torsion.

### *Le point de nœud*

On l'utilise pour des pistils de fleurs et dans des bordures, vous pouvez aussi le choisir pour broder les mimosas (voir page 18). Pour obtenir un joli relief, nous conseillons de broder le point de nœud à deux fils et de faire un nœud double.

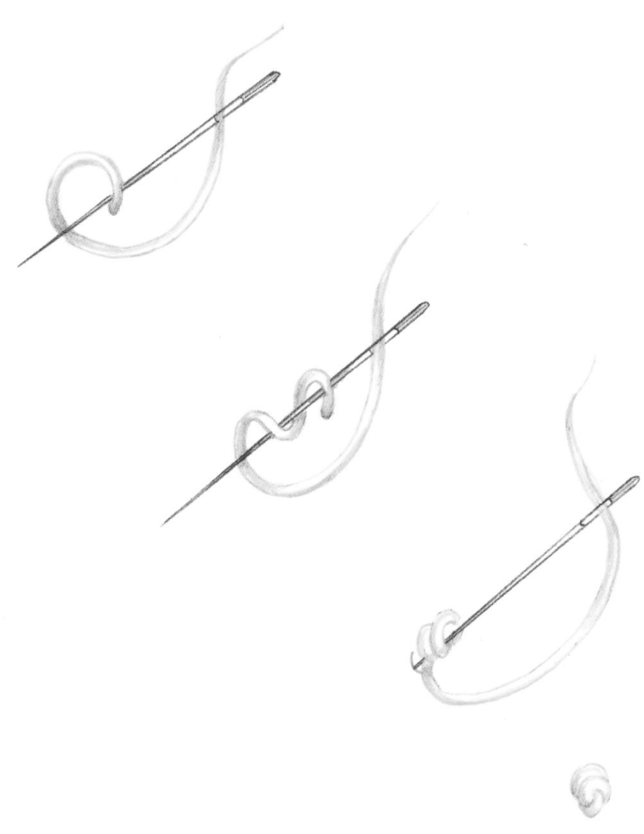

Sortez l'aiguillée sur l'endroit. Tenez fermement l'aiguille d'une main, et l'aiguillée tout près du tissu entre le pouce et l'index de l'autre main. Tournez l'aiguillée deux fois autour de l'aiguille avant de la repiquer tout contre sa sortie, et maintenez le fil tendu, jusqu'à ce qu'il ait complètement traversé le point. Passez au point suivant.

### *Le point de croix*

Le point de croix des dessins de la Maison Noël a ceci d'unique qu'il ne tient aucun compte du droit-fil servant habituellement de base à ce type de broderie. Les dessins ont été adaptés pour cette broderie rapide au charme particulier, tout en gardant leur souplesse et leur style.

En suivant les conseils que nous donnons, vous pourrez exécuter des broderies originales aussi bien sur des nappes à utiliser en toutes circonstances, que sur des draps ou des accessoires de toute sorte.

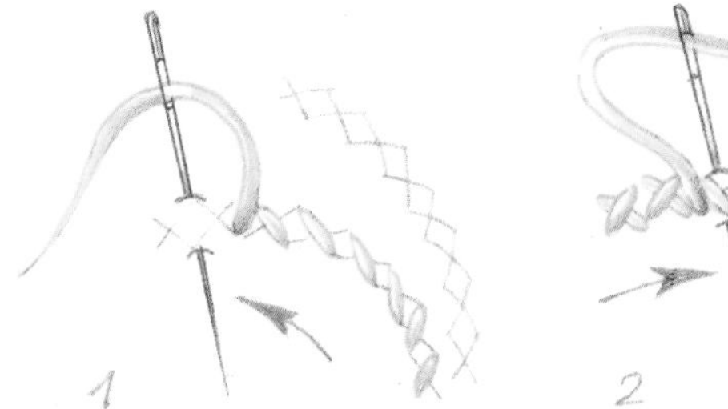


Prenez trois brins de coton Mouliné Spécial DMC ou un brin de Broder Spécial DMC 25. Brodez avec une grosse aiguille pour bien marquer le trou qui sera commun à toutes les croix voisines. Travaillez dans un sens en demi-points, puis revenez au départ.

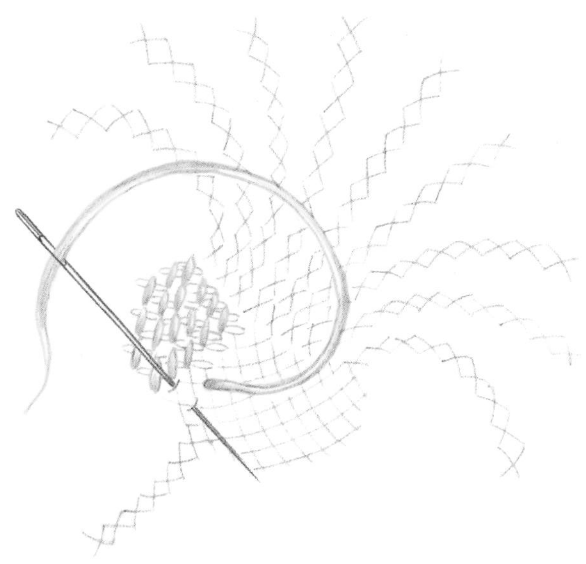

Dans le cas d'une surface, travaillez de la même façon en brodant successivement les lignes de croix, pour que tous les points soient dans le même sens.

Dans le cas de dessins convergents, comme les barbes du chardon, commencez toujours au cœur du dessin pour passer à la partie suivante à l'endroit le plus proche et éviter de voir des fils en transparence.

Ne faites pas de nœuds. Commencez et terminez chaque aiguillée par un point d'arrêt sur le dernier point, et passez 2 cm de fil sous les points voisins avant de le couper.

## *Le point de grille*

C'est le point utilisé pour les grandes étoiles de la fête de Noël, qui seront brodées en quelques soirées seulement.
Utilisez six fils et prenez une très longue aiguillée couvrant toute une branche de l'étoile pour éviter les arrêts.
1. Sortez l'aiguille en bas de la branche, et couvrez d'un seul grand point toutes les lignes parallèles orientées dans un même sens, en passant de l'une à l'autre au plus près.
2. Faites de même pour les lignes parallèles orientées dans l'autre sens. L'aiguille se trouve en haut de la branche lorsqu'elle est terminée.
3. Redescendre en maintenant les fils par un point à cheval, sur chaque croisement. Ce point peut être de la même couleur, ou encore d'une couleur contrastée.
Pour que la broderie soit régulière d'une branche de l'étoile à l'autre, il est préférable de se servir d'un tambour plus grand que l'étoile, de bien disposer le tissu d'équerre, et de broder toute l'étoile sans bouger le tambour.

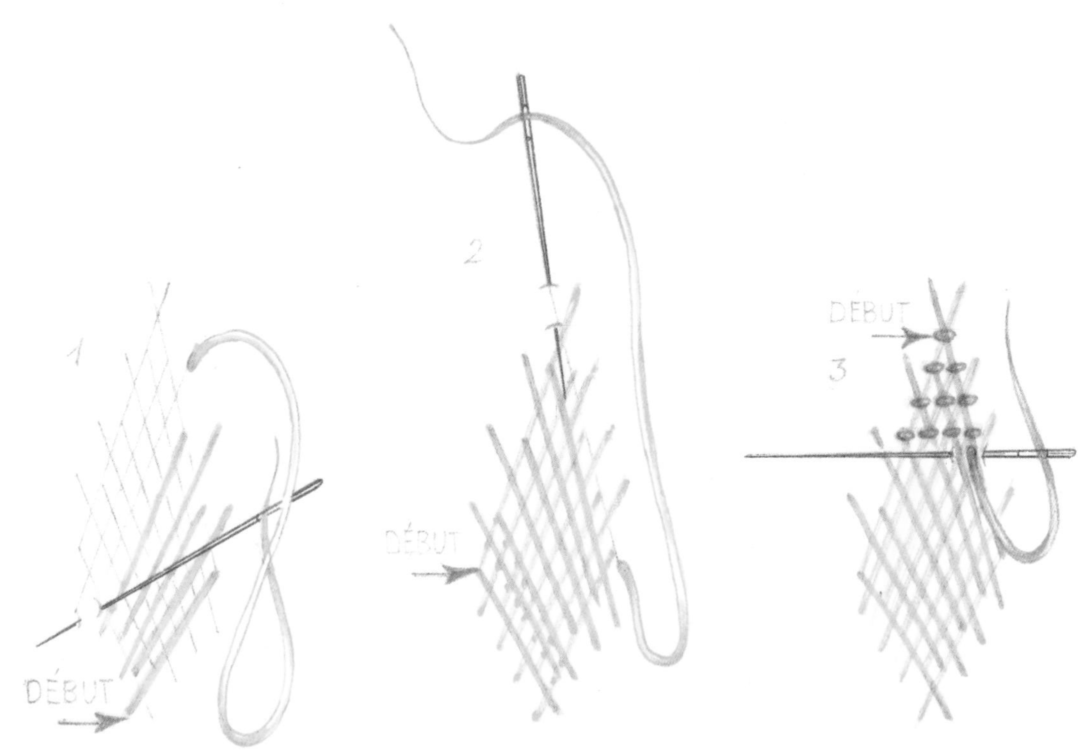

# Les finitions

La Maison Noël a toujours apporté un soin particulier à ses finitions. Dentelles, galons, broderies de bordure, volants ou tuyautés ont agrémenté les ourlets selon les époques. Quel que soit leur style, les finitions jouent un rôle aussi important que la broderie principale, et donnent à un ouvrage son originalité.

## *Les nappes carrées ou rectangulaires*

Notre style de vie actuel inspire de grands ourlets plats, en général de 10 cm, finis par un point de Paris ou par une fine bordure ondulée, brodée ou recouverte d'un petit galon de couleur. La première étape consiste à confectionner les quatre coins d'un ouvrage.

### *Les coins mitrés*

Après avoir marqué avec deux épingles en angle droit chacun des quatre coins de la nappe finie, tendez le tissu entre deux coins en repliant le tissu d'ourlet. Repassez pour bien marquer la pliure. Faites ainsi les quatre bords de la nappe, puis suivez attentivement les étapes 1 à 7.

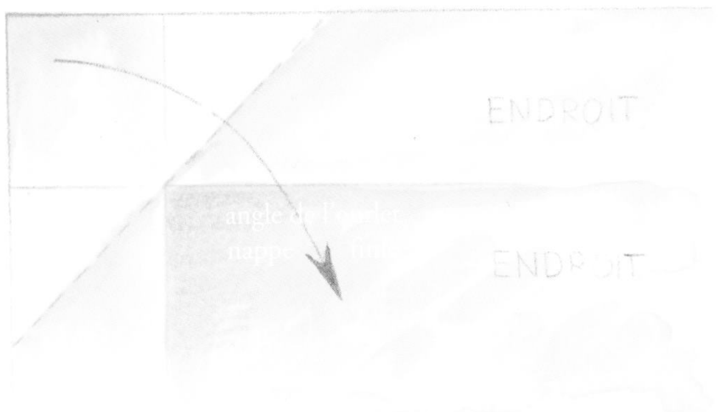


Après avoir marqué les pliures représentant les bords de la nappe finie, rabattez l'angle d'ourlet selon la flèche.

1. Marquez le pli avec l'ongle, puis remettez le tissu à plat.

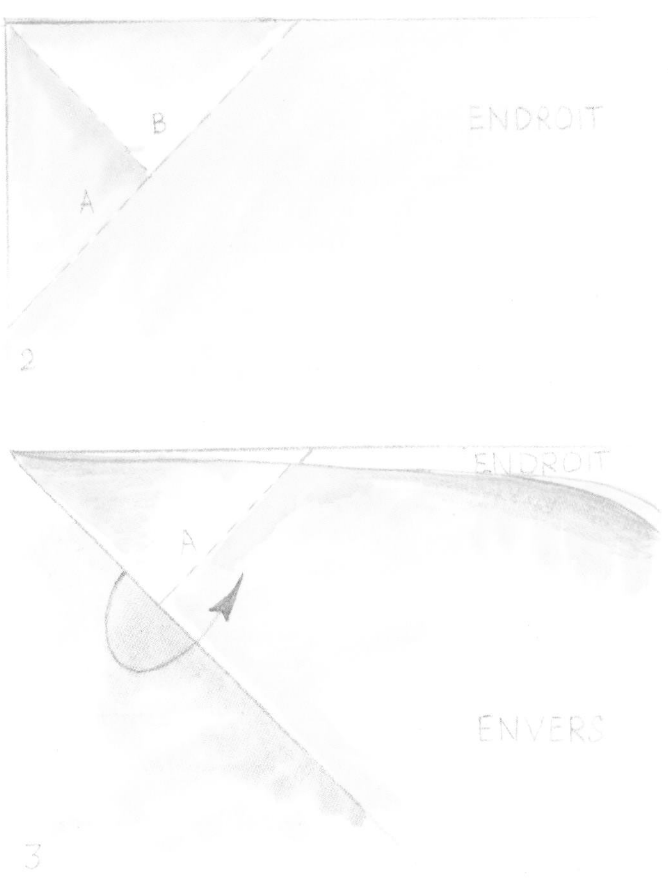


2 et 3. Rabattez A sur B, endroit contre endroit, en pliant à 45°, en suivant la ligne de pointillés.

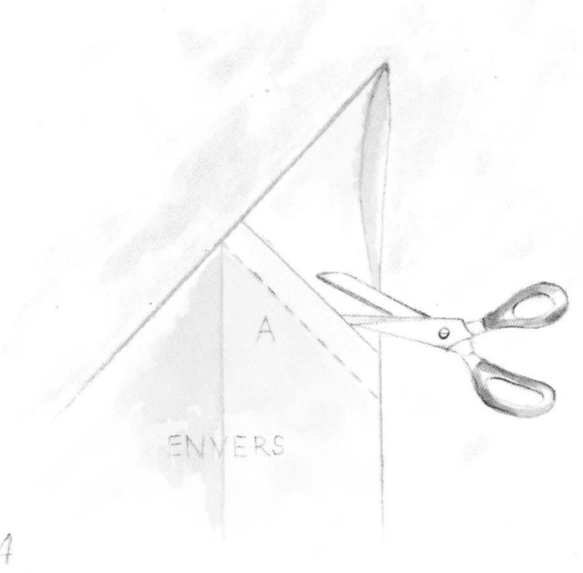


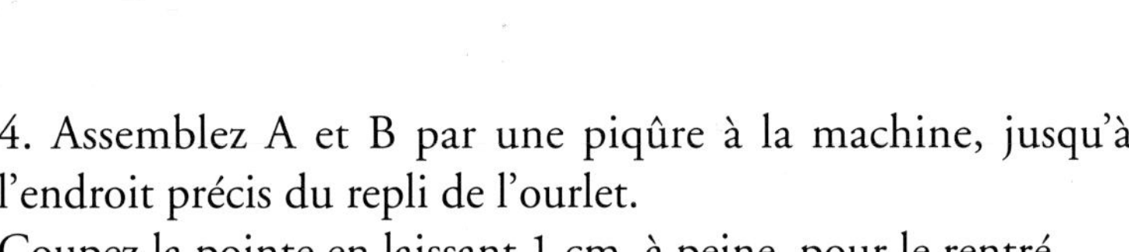

4. Assemblez A et B par une piqûre à la machine, jusqu'à l'endroit précis du repli de l'ourlet.
Coupez la pointe en laissant 1 cm, à peine, pour le rentré.

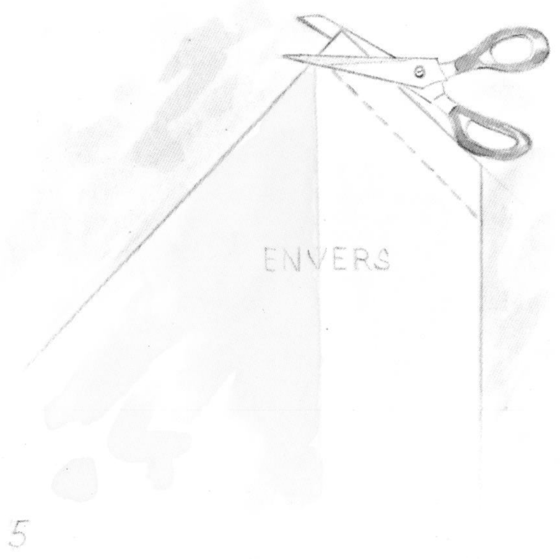


5. Recoupez la petite pointe afin de pouvoir ouvrir la couture.

6. Ouvrez la couture au fer à repasser.

7. Retournez. Rentrez l'ourlet et bâtissez.

### *Le point de Paris*

Sobre et intemporel, il est aussi joli sur un voile fin que sur une toile. Prenez une aiguille qui marquera bien son trou, donc un peu plus grosse que le fil qui doit être fin. Vous broderez de haut en bas, sur l'envers de l'ouvrage, l'ourlet étant placé sur votre gauche. Faites deux points arrière l'un sur l'autre sur la ligne d'ourlet, en prenant toujours le même nombre de fils de tissu, puis un petit point de côté dans l'épaisseur de l'ourlet.

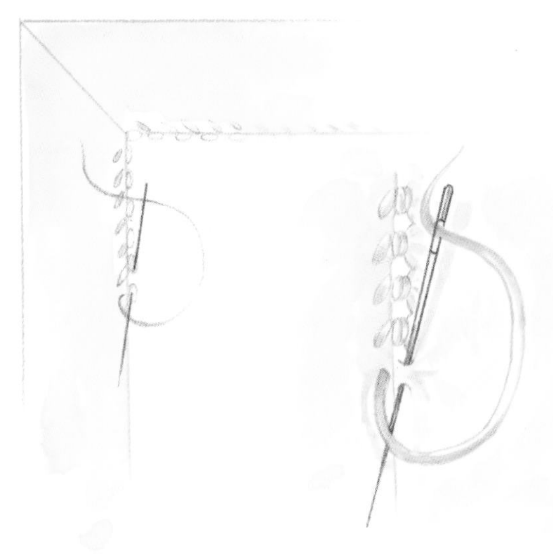

### *La bordure dessinée (ourlets à la forme)*

Vous pourrez dessiner soit une ligne droite, soit une vague dans lesquelles vous rabattrez l'ourlet. Brodez ces bordures avant de confectionner les ourlets. Vous les broderez au point de tige ou au point de reprise sur plusieurs rangs, en reprenant les couleurs de la broderie, ou encore au passé plat. Après avoir confectionné les coins mitrés, suivez les étapes 1 à 3.

Au lieu de broder ces bordures, qu'elles soient droites ou ondulées, vous pouvez y coudre des petits galons de couleur que nous proposons dans une quarantaine de coloris DMC. C'est une technique plus rapide que la broderie. L'association de plusieurs galons de couleurs différentes, mais reprenant les tons de la broderie, donne des ourlets pleins de charme et de vie.

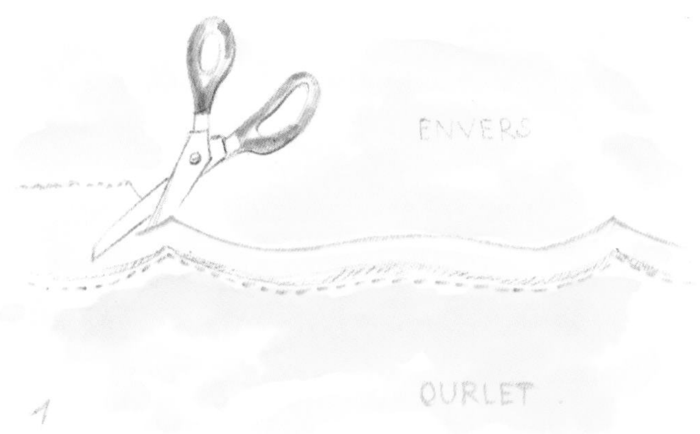


1. Recoupez l'ourlet à la forme de la bordure, à 0,5 cm au-dessus de la ligne.

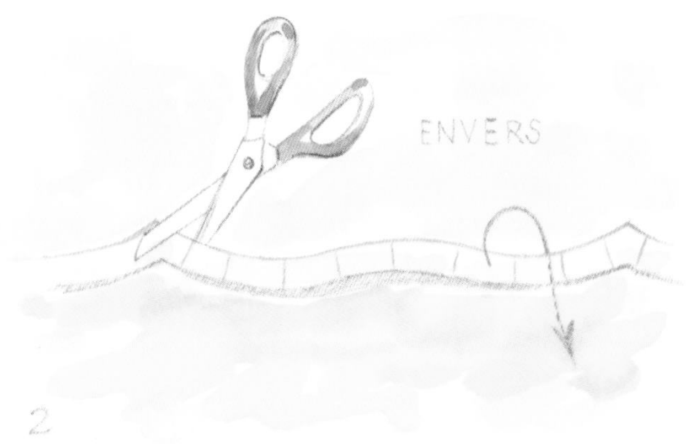


2. Crantez à petits coups de ciseaux, jusqu'à la ligne de bordure, tous les centimètres.

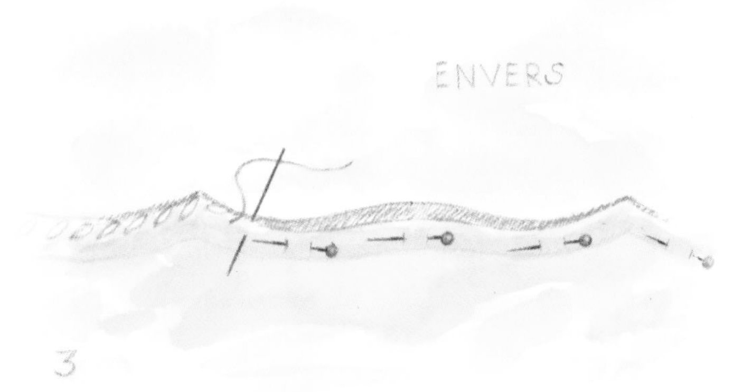


3. Rabattez cran par cran le long de la ligne brodée, et faites l'ourlet à petits points dans la broderie.

# *Les nappes rondes ou ovales*

### *Montage avec faux ourlet*

Une technique facile consiste à terminer les nappes très simplement par un petit roulotté ou par la pose d'un biais. Mais s'il s'agit d'une nappe de fête, n'hésitez pas à lui faire un grand faux ourlet (voir coupe page 167). Elle sera beaucoup plus belle et tombera plus joliment.
Assemblez les quatre morceaux de faux ourlet sur leurs côtés, après avoir bien relevé l'emplacement de la couture pour que le faux ourlet soit identique à la nappe. Recoupez ces coutures si nécessaire, et ouvrez au fer à repasser.
Appliquez le faux ourlet sur la nappe, endroit contre endroit. Bâtissez sur le pourtour de la nappe, puis piquez à la machine.

Recoupez à 0,5 cm de la couture pour que le tissu tourne bien. Crantez tous les 2 cm environ.
Retournez et repassez soigneusement. Crantez également le haut de l'ourlet tous les centimètres, avant de le replier.
Fermez l'ourlet par un point de Paris ou quelques points coulés, que vous cacherez sur l'endroit par des points de tige côte à côte, ou par un petit galon (voir la nappe aux delphiniums page 38, et les tulipes page 12).
Les petits galons se posent à points souples en les cousant d'un seul côté, afin qu'ils puissent tourner aisément.

### *Montage avec volant*

Si vous choisissez cette formule (voir page 168), vous devez raccorder la partie ronde de la nappe, représentant le plateau de la table plus 10 cm tout autour, à un volant coupé en plusieurs morceaux.
Commencez par assembler ces morceaux par de petites coutures surfilées ensemble, après les avoir recoupées à 0,5 cm.
Faites l'ourlet tout du long dans la finition de votre choix.
Assemblez les deux extrémités du volant pour le fermer par une dernière couture.
Mesurez la circonférence de la nappe avec un mètre souple de couturière, et pliez-la en quatre pour travailler quart par quart. Marquez de la même façon la bande de volant en quatre parties, et posez un double fil de fronces sur chacune de ces parties. Répartissez très régulièrement les fronces, puis assemblez endroit sur endroit.

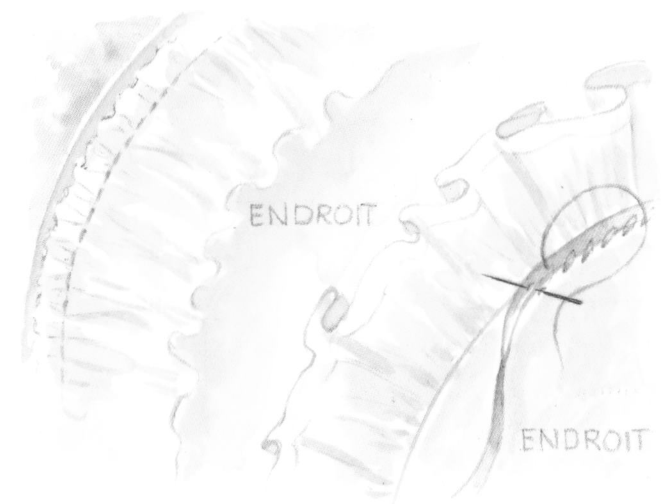


Bâtissez et piquez tout autour de la nappe au ras des fils de fronces. Recoupez et surfilez.
Si vous souhaitez une finition impeccable, piquez une bandelette de 2 cm d'organdi, taillée de préférence dans le biais, en plusieurs morceaux pour ne pas utiliser trop de tissu, en même temps que le volant sur la nappe. Recoupez à 0,5 cm, et rabattez à la main tout autour. Les rentrés de la nappe et du volant sont cachés à l'intérieur de la bandelette.

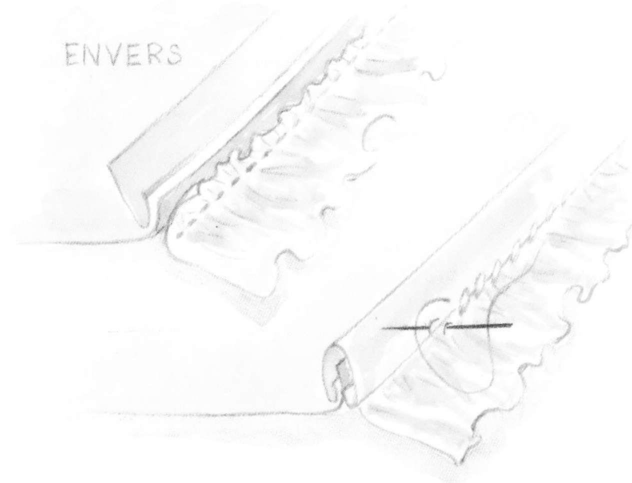


Ces deux techniques de faux ourlet et de pose de volant sont identiques pour les nappes ovales (voir coupe page 169).

## *Les nappes rectangulaires à coins arrondis*

La finition des nappes rectangulaires ayant des coins arrondis (voir coupe page 166) se fait avec des faux ourlets, de la même façon que pour les nappes rondes ou ovales.

## *Les sets et les serviettes*

Nous confectionnons habituellement des sets de table de 38 cm de hauteur et de 48 à 50 cm de largeur ; nos serviettes finies ont 45 x 45 cm. Les ourlets des sets ont 2 cm, et ceux des serviettes 1,5 cm.
Leurs finitions sont en tout point identiques à celles des nappes carrées (voir coins mitrés page 183, point de Paris et ourlet à la forme d'une bordure dessinée page 185). Ne laissez jamais plus de 0,5 cm aux coutures et aux ourlets.

## *Les formes spéciales*

Nous vous proposons un dessin de set de table en forme de grande coquille (voir page 58). Cette forme est utilisée depuis longtemps, et nous la retrouvons dans nos archives pour de nombreux modèles. Elle permet la réalisation de sets qui se placent plus facilement sur une table ronde ou ovale que les sets rectangulaires. Nous vous conseillons un tout petit ourlet de 0,7 cm environ, cranté et rentré à la forme (voir La bordure dessinée page 185), et qui du fait de son étroitesse pourra suivre sans difficulté la même forme que la découpe.

## *Les parures de lit*

### *Les draps*

Piquez les ourlets de côté (1 cm), puis ceux du bas (2 cm) et du haut (10 cm). Vous cacherez la piqûre de l'ourlet du haut par plusieurs points de tige dans les couleurs de la broderie. Si votre machine à coudre vous le permet, vous pouvez également faire un bourdon de cette même couleur.

### *Les taies*

Quelles que soient la forme et la dimension d'une taie, la première phase de la confection en est la même. Après avoir fait un ourlet de 1 cm sur les petits côtés de votre bande de tissu, posez-la verticalement devant vous, envers sur la table.

Repérez les rabats du dos avec des épingles et repliez-les endroit contre endroit, le dos de la taie en premier, le rabat

portefeuille en second. Piquez de chaque côté, après avoir bâti ou épinglé. Retournez et repassez.
Pour une taie volantée, il vous reste à faire une piqûre à égale distance des bords tout autour. Vous rebroderez cette piqûre de la même façon que vous aurez fait l'ourlet du drap.
Vous aurez prévu que la taie s'ouvre juste au-dessus de la piqûre du volant.

### *Les housses de couette*

Les housses volantées se confectionnent de la même façon que les taies d'oreiller avec volant (voir ci-contre).
Les housses de forme « bouteille » sont montées avec une simple piqûre solidement surfilée, et un petit ourlet de 1 ou 2 cm à l'ouverture (voir pages 171 et 172).

### *Les parures de lit d'enfant*

***Les draps.*** Ils se confectionnent de la même façon que les grands draps, mais l'ourlet du rabat aura 6 ou 7 cm au maximum.

***Les taies.*** Elles ont un volant de 5 cm au maximum, afin de ne pas encombrer le berceau.
Pour les bébés dormant sans oreiller, la bande de tissu brodée du dessin de l'oreiller sera terminée par un petit ourlet de 1 cm tout autour, piqué à la machine.

### *Les petits coussins de lecture*

La confection est la même que pour les taies d'oreiller. Le volant aura 6 cm de largeur.

# *L'entretien du linge brodé*

L'entretien du linge brodé exige des précautions particulières, qui sont assez simples à observer. Voici quelques conseils pratiques de lavage et de repassage.

Agissez vite sur les taches. Versez immédiatement du sel sur une tache de vin pour absorber le liquide. Frottez les taches d'une nappe au savon de Marseille à peine humide, le soir de son utilisation. Laissez agir toute une nuit et mettez en machine dès le lendemain.

Évitez l'abus de produits de lavage. Ceux-ci sont devenus très efficaces et demandent un juste dosage. Vous n'utiliserez que des lessives spéciales pour les couleurs, même si le tissu est blanc. Les éléments blanchissants intégrés aux autres produits (azurants optiques) peuvent être nocifs pour les couleurs des broderies.

Placez les articles les plus fragiles dans un grand sac de lavage ou dans une taie d'oreiller. Choisissez un essorage adapté et sortez le linge aussitôt.

Pour garder tout son relief, une broderie doit être repassée à l'envers sur un molleton épais recouvert d'un fin coton. Les tissus de lin se repassent mieux lorsqu'ils sont très humides. Une nappe peut être repassée dès la fin de l'essorage. Repassez l'ourlet doucement sur l'endroit pour le sécher, sans le marquer. Repassez ensuite toute la nappe sur l'envers car le lin mouillé se glace au contact du fer. En agissant ainsi, vous éliminerez plus facilement les plis et la nappe aura une très belle tenue sans avoir nécessairement besoin d'être empesée.

L'amidon ne doit pas stagner sur du linge dont vous ne vous servirez pas tout de suite. Il vaut mieux empeser une nappe au dernier moment, juste avant son utilisation. Il est désormais facile et rapide d'empeser le linge grâce aux produits en bombe.

Enfin, vous ne repasserez les nappes fragiles, comme celles en organdi ou en mousseline, qu'au moment de les disposer sur la table. Après les avoir utilisées, procédez au lavage et au séchage, puis pliez-les sans les écraser. Madame Noël conseillait même de rouler les nappes en boule puis de les ranger dans un sac en papier en haut de l'armoire à linge.

En cas de taches récalcitrantes, n'hésitez pas à faire appel à une blanchisserie de fin qui saura faire face à tous les problèmes de lavage et de repassage délicats.

# Glossaire

CAMAÏEU : Utilisation de plusieurs tons d'une même couleur. Mot dérivé de camée, pierre dure à effet de polychromie.

CARRÉ DE TABLE : C'est ainsi que nous appelons une nappe trop petite pour se suffire à elle-même, mais qui, porteuse d'un dessin central convenant à toute table de moyenne importance, est mise en valeur par une grande nappe unie sur laquelle elle est posée. Un carré de table mesure de 1,40 à 1,60 m de côté.

CHAÎNE : Ensemble des fils tissés dans le sens de la longueur d'un tissu, entre lesquels passe la trame.

CHEMIN DE TABLE : Bande de tissu servant à orner la partie centrale d'une table rectangulaire. Par analogie, nom donné à l'espace laissé libre sur une nappe, entre les couverts qui se font face.

COINS MITRÉS (autre appellation : coins à onglet) : Ce sont des coins fermés par une piqûre à 45° évoquant le pliage d'une mitre. Ils permettent une finition impeccable évitant toute surépaisseur de tissu dans les angles des nappes, des serviettes, etc.

CRANTER : Entailler régulièrement le bord d'un tissu pour lui permettre de tourner. Sur une ligne concave, les crans vont se chevaucher ; sur une ligne convexe, les crans vont s'écarter. Le crantage est constitué de petits coups de ciseaux très réguliers perpendiculaires au bord du tissu, au ras desquels s'effectue le rentré d'un ourlet.

DROIT-FIL : Utilisation d'un tissu dans le sens de la chaîne comme de la trame, aussi bien pour la coupe que pour la confection.

FAUX OURLET : Morceau de tissu nécessaire à la finition d'un ourlet lorsque sa forme ou la largeur insuffisante du tissu ne permettent pas de le confectionner d'un seul tenant avec l'ouvrage à ourler. Le faux ourlet est appliqué sur l'ouvrage à la forme et aux dimensions nécessaires.

Finitions : Terme définissant à la fois les différentes façons de terminer un ouvrage : ourlet, volant, pose de biais, etc., et les différentes techniques utilisées, par exemple point de Paris, finition en feston.

Fond de corbeille : Ouvrage carré, rond ou ovale protégeant ou décorant le fond d'une corbeille à pain.

Peinture à l'aiguille : Technique très ancienne de broderie cherchant à imiter les travaux de peinture. Présente en Europe depuis de nombreux siècles, elle va permettre aux brodeurs du Moyen Âge de faire partie de la même corporation que les peintres sous le patronage de saint Luc.

Ponçage : Technique du report du dessin, sur du tissu ou du papier, par l'intermédiaire de calques perforés et d'une poudre colorante. Le calque perforé s'appelle un poncif, et l'ouvrage dessiné un poncé.

Retombée : Se dit de la partie d'une nappe située en dehors du plateau de table. La retombée doit se calculer avec soin, en fonction de la forme de la table et du style que l'on souhaite donner à une nappe.

Roulotté : Petit ourlet très fin que l'on obtient en roulant le bord du tissu sur lui-même, avant de l'ourler à points coulés. Technique de finition classique des mouchoirs et des foulards, elle peut aussi être utilisée pour la finition d'une nappe ronde.

Torsion : Un fil est formé de plusieurs brins assemblés par torsion. Un point de tige sera plus joli si la courbe brodée tourne de la même façon que le fil. Placer l'ouvrage de façon à choisir le meilleur sens pour la broderie.

Trame : Ensemble de fils tissés transversalement entre les fils de la chaîne d'un tissu.

Tuyauter : Plisser en forme de tuyaux. C'est une technique de repassage nécessitant un fer spécial qui permet de donner à des volants froncés une forme très nette et régulière.

Volant : Bande de tissu froncée agrémentant le bord d'une nappe, ou d'un coussin… Par extension, on parle aussi du volant d'une taie d'oreiller bien que celui-ci soit fabriqué d'un seul tenant avec la taie et qu'il soit donc plat.

# *Adresses*

## *Où trouver les ouvrages à broder Noël*

Paris et Région parisienne

**NOËL**

1, avenue Pierre-I[er]-de-Serbie - place d'Iéna, 75116 Paris

Tél. 01 40 70 14 63 - Fax 01 40 70 05 25

**Le cœur à l'ouvrage**

Mme Duchemin, 43/45, rue de la Paroisse, 78000 Versailles

Tél. 01 30 21 80 74

Pour la province et l'étranger, nous vous indiquerons par téléphone l'adresse de notre dépositaire le plus proche de votre domicile.

Voici, à titre indicatif, les adresses de nos principaux partenaires :

**De fil en aiguille**

Mme Trémouille, 20, place de la République, 89100 Sens

Tél. 02 86 64 53 62

**D'un fil à l'autre**

Mme Perret, 53, avenue Jean-Jaurès, 83000 Toulon

Tél. 04 94 92 63 76

**La Maison des ouvrages**

Mme Delapierre, 18, rue Louis-Renard , 86000 Poitiers

Tél. 05 49 88 07 52

**Mercerie Catherine B**

Mme Bottollier, 28, rue Sommeiller, 74100 Annecy

Tél. 04 50 51 17 61

**Mercerie Lysandre**

Mme Toulemonde, 100, rue de Lille, 59420 Mouvaux

Tél. 03 20 70 03 56

**Mon aiguille**

Mme Thollet-Lovison, 9, rue Jean-Jaurès, 42000 Saint-Étienne

Tél. 04 77 32 24 26

**Passe-temps**

M. Perrotin, place Bellecour, 69002 Lyon

Tél. 04 78 42 07 35

## *Où apprendre la broderie et se perfectionner*

**Cours de broderie Noël**

• Chez Marie Lavande, 83, avenue Daumesnil, 75012 Paris
Tél. 01 44 67 78 78
Marie Lavande est également spécialiste de l'entretien du linge brodé délicat.

## *Où trouver le matériel*

**Tissus**

• Dans les magasins spécialisés
• Chez Noël, où nous vous proposons du lin, de la batiste de lin, de la mousseline de coton, de la percale en grande largeur, de l'organdi et des galons.

**Crayon transfert, papier carbone spécial broderie et tout le matériel de broderie**

• Dans les merceries

**Papier-calque, papier carbone pour écriture à la main et papier-calque en toutes dimensions**

• Dans les papeteries

**Papier-calque, carton redoublé pour reliure**

• Chez Rougier et Plé,
13, boulevard des Filles-du-Calvaire, 75003 Paris
Tél. 01 42 72 82 91
Rue Jean-Jaurès, ZAC des Clotais, 91160 Champlan
Route de Camp-Major (CD2), Techni-Parc de la Bastidonne, Acticlub 1, 13400 Aubagne
2, rue du Parlement-Sainte-Catherine, 33000 Bordeaux
9, rue de Rieux (Champ-de-Mars), 44000 Nantes
17, cours de la Liberté, 69003 Lyon
7, rue des Arts, 59800 Lille
34, avenue des Champs-Pierreux, 92000 Nanterre
• Vente par correspondance : BP 492, 91164 Longjumeau Cedex

**DMC**

Les fournitures DMC sont disponibles dans les merceries, les boutiques Imagine, les grands magasins et les magasins Loisirs et Création : 87, Centre commercial Euralille, 59777 Lille, tél. 03 20 51 39 01 ;
Centre commercial La Part-Dieu, 17, rue du Docteur-Bouchut, 69003 Lyon, tél. 04 78 60 05 89.
Pour connaître le nom des distributeurs des produits DMC dans la région que l'on habite,
écrire à : DMC, Service consommateurs, 13, rue de Pfastatt, 68057 Mulhouse, ou téléphoner au 03 89 32 45 28.

**Magasins Imagine**

15, rue des Belles-Feuilles, 75016 Paris, tél. 01 45 53 02 61 - 126, rue de Courcelles, 75017 Paris, tél. 01 46 22 22 46
87 *ter*, rue Didot, 75014 Paris, tél. 01 40 44 98 77

FILS À BRODER

Tableau de recherche des couleurs

Ce tableau vous permet de trouver rapidement dans la carte des couleurs reproduite ci-contre à quel numéro correspond une couleur. Les numéros des couleurs sont sur fond grisé et classés en ordre croissant. Les numéros en regard, sur fond blanc, vous renvoient à l'une des 26 colonnes de la carte des couleurs. La couleur recherchée s'y trouve.

On pourra aussi se procurer chez DMC du Mouliné métallisé Or ou Argent.

| | | | | | | | | | | | | | | | | | | | |
|---|---|---|---|---|---|---|---|---|---|---|---|---|---|---|---|---|---|---|---|
| ECRU | 22 | 211 | 6 | 400 | 19 | 563 | 11 | 727 | 17 | 813 | 8 | 910 | 11 | 971 | 18 | 3347 | 12 | 3773 | 20 |
| BLANC | 22 | 221 | 5 | 402 | 19 | 564 | 11 | 729 | 16 | 814 | 2 | 911 | 11 | 972 | 18 | 3348 | 12 | 3774 | 20 |
| B5200 | 22 | 223 | 5 | 407 | 20 | 580 | 14 | 730 | 14 | 815 | 2 | 912 | 11 | 973 | 18 | 3350 | 3 | 3776 | 19 |
| 48 | 24 | 224 | 5 | 413 | 23 | 581 | 14 | 731 | 14 | 816 | 2 | 913 | 11 | 975 | 19 | 3354 | 3 | 3777 | 20 |
| 51 | 26 | 225 | 5 | 414 | 23 | 597 | 9 | 732 | 14 | 817 | 1 | 915 | 4 | 976 | 19 | 3362 | 13 | 3778 | 20 |
| 52 | 24 | 300 | 19 | 415 | 23 | 598 | 9 | 733 | 14 | 818 | 3 | 917 | 4 | 977 | 19 | 3363 | 13 | 3779 | 20 |
| 53 | 26 | 301 | 19 | 420 | 16 | 600 | 4 | 734 | 14 | 819 | 3 | 918 | 19 | 986 | 12 | 3364 | 13 | 3781 | 22 |
| 57 | 24 | 304 | 2 | 422 | 16 | 601 | 4 | 738 | 21 | 820 | 7 | 919 | 19 | 987 | 12 | 3371 | 21 | 3782 | 22 |
| 61 | 26 | 307 | 17 | 433 | 21 | 602 | 4 | 739 | 21 | 822 | 22 | 920 | 19 | 988 | 12 | 3607 | 4 | 3787 | 22 |
| 62 | 24 | 309 | 3 | 434 | 21 | 603 | 4 | 740 | 17 | 823 | 8 | 921 | 19 | 989 | 12 | 3608 | 4 | 3790 | 22 |
| 67 | 25 | 310 | 23 | 435 | 21 | 604 | 4 | 741 | 17 | 824 | 8 | 922 | 19 | 991 | 10 | 3609 | 4 | 3799 | 23 |
| 69 | 26 | 311 | 8 | 436 | 21 | 605 | 4 | 742 | 17 | 825 | 8 | 924 | 10 | 992 | 10 | 3685 | 3 | 3801 | 2 |
| 75 | 24 | 312 | 8 | 437 | 21 | 606 | 18 | 743 | 17 | 826 | 8 | 926 | 10 | 993 | 10 | 3687 | 3 | 3802 | 5 |
| 90 | 26 | 315 | 5 | 444 | 17 | 608 | 18 | 744 | 17 | 827 | 8 | 927 | 10 | 995 | 9 | 3688 | 3 | 3803 | 3 |
| 91 | 25 | 316 | 5 | 445 | 17 | 610 | 15 | 745 | 17 | 828 | 8 | 928 | 10 | 996 | 9 | 3689 | 3 | 3804 | 4 |
| 92 | 25 | 317 | 23 | 451 | 23 | 611 | 15 | 746 | 16 | 829 | 15 | 930 | 7 | 3011 | 15 | 3705 | 2 | 3805 | 4 |
| 93 | 25 | 318 | 23 | 452 | 23 | 612 | 15 | 747 | 9 | 830 | 15 | 931 | 7 | 3012 | 15 | 3706 | 2 | 3806 | 4 |
| 94 | 26 | 319 | 12 | 453 | 23 | 613 | 15 | 754 | 1 | 831 | 15 | 932 | 7 | 3013 | 15 | 3708 | 2 | 3807 | 7 |
| 95 | 24 | 320 | 12 | 469 | 13 | 632 | 20 | 758 | 20 | 832 | 15 | 934 | 13 | 3021 | 22 | 3712 | 1 | 3808 | 9 |
| 99 | 24 | 321 | 2 | 470 | 13 | 640 | 22 | 760 | 1 | 833 | 15 | 935 | 13 | 3022 | 22 | 3713 | 1 | 3809 | 9 |
| 101 | 25 | 322 | 8 | 471 | 13 | 642 | 22 | 761 | 1 | 834 | 15 | 936 | 13 | 3023 | 22 | 3716 | 2 | 3810 | 9 |
| 102 | 24 | 326 | 3 | 472 | 13 | 644 | 22 | 762 | 23 | 838 | 21 | 937 | 13 | 3024 | 22 | 3721 | 5 | 3811 | 9 |
| 103 | 25 | 327 | 6 | 498 | 2 | 645 | 23 | 772 | 12 | 839 | 21 | 938 | 21 | 3031 | 22 | 3722 | 5 | 3812 | 10 |
| 104 | 26 | 333 | 6 | 500 | 11 | 646 | 23 | 775 | 8 | 840 | 21 | 939 | 8 | 3032 | 22 | 3726 | 5 | 3813 | 11 |
| 105 | 26 | 334 | 8 | 501 | 11 | 647 | 23 | 776 | 3 | 841 | 21 | 943 | 10 | 3033 | 22 | 3727 | 5 | 3814 | 10 |
| 106 | 26 | 335 | 3 | 502 | 11 | 648 | 23 | 778 | 5 | 842 | 21 | 945 | 20 | 3041 | 5 | 3731 | 3 | 3815 | 10 |
| 107 | 24 | 336 | 8 | 503 | 11 | 666 | 2 | 780 | 16 | 844 | 23 | 946 | 18 | 3042 | 5 | 3733 | 3 | 3816 | 10 |
| 108 | 26 | 340 | 6 | 504 | 11 | 676 | 16 | 781 | 16 | 869 | 16 | 947 | 18 | 3045 | 16 | 3740 | 5 | 3817 | 10 |
| 111 | 26 | 341 | 6 | 517 | 9 | 677 | 16 | 782 | 16 | 890 | 12 | 948 | 1 | 3046 | 16 | 3743 | 5 | 3818 | 11 |
| 112 | 24 | 347 | 1 | 518 | 9 | 680 | 16 | 783 | 16 | 891 | 1 | 950 | 20 | 3047 | 16 | 3746 | 6 | 3819 | 14 |
| 113 | 25 | 349 | 1 | 519 | 9 | 699 | 14 | 791 | 7 | 892 | 1 | 951 | 20 | 3051 | 13 | 3747 | 6 | 3820 | 17 |
| 114 | 25 | 350 | 1 | 520 | 13 | 700 | 14 | 792 | 7 | 893 | 1 | 954 | 11 | 3052 | 13 | 3750 | 7 | 3821 | 17 |
| 115 | 24 | 351 | 1 | 522 | 13 | 701 | 14 | 793 | 7 | 894 | 1 | 955 | 11 | 3053 | 13 | 3752 | 7 | 3822 | 17 |
| 116 | 24 | 352 | 1 | 523 | 13 | 702 | 14 | 794 | 7 | 895 | 12 | 956 | 2 | 3064 | 20 | 3753 | 7 | 3823 | 17 |
| 121 | 25 | 353 | 1 | 524 | 13 | 703 | 14 | 796 | 7 | 898 | 21 | 957 | 2 | 3072 | 23 | 3755 | 8 | 3824 | 18 |
| 122 | 25 | 355 | 20 | 535 | 23 | 704 | 14 | 797 | 7 | 899 | 3 | 958 | 10 | 3078 | 17 | 3756 | 8 | 3825 | 18 |
| 123 | 25 | 356 | 20 | 543 | 21 | 712 | 21 | 798 | 7 | 900 | 18 | 959 | 10 | 3325 | 8 | 3760 | 9 | 3826 | 19 |
| 124 | 25 | 367 | 12 | 550 | 6 | 718 | 4 | 799 | 7 | 902 | 5 | 961 | 2 | 3326 | 3 | 3761 | 9 | 3827 | 19 |
| 125 | 25 | 368 | 12 | 552 | 6 | 720 | 18 | 800 | 7 | 904 | 14 | 962 | 2 | 3328 | 1 | 3765 | 9 | 3828 | 16 |
| 126 | 24 | 369 | 12 | 553 | 6 | 721 | 18 | 801 | 21 | 905 | 14 | 963 | 2 | 3340 | 18 | 3766 | 9 | 3829 | 16 |
| 208 | 6 | 370 | 15 | 554 | 6 | 722 | 18 | 806 | 9 | 906 | 14 | 964 | 10 | 3341 | 18 | 3768 | 10 | 3830 | 20 |
| 209 | 6 | 371 | 15 | 561 | 11 | 725 | 17 | 807 | 9 | 907 | 14 | 966 | 12 | 3345 | 12 | 3770 | 20 | | |
| 210 | 6 | 372 | 15 | 562 | 11 | 726 | 17 | 809 | 7 | 909 | 11 | 970 | 18 | 3346 | 12 | 3772 | 20 | | |

**Mouliné Spécial** *Art. 117* - **Coton Perlé** *Art. 115* nº 3 ● nº 5 ○ – **Coton Perlé** *Art. 16* ▲ nº 5 △ nº 8 ▽ nº 12

**1**
- 3713
- ●○▲△ 761
- ●○▲△ 760
- 3712
- ●○△ 3328
- ●○△ 347
- ●○ 948
- ●○▲△ 754
- ●○▲△ 353
- ●○▲△ 352
- ●○△ 351
- ○▲△ 350
- ●○ 349
- ○△ 817
- ●○△ 894
- ●○▲△ 893
- ●○△ 892
- ○△ 891

**2**
- ○ 963
- 3716
- ○ 962
- ○ 961
- ●△ 957
- ●○△ 956
- 3708
- 3706
- 3705
- ○△ [3801]
- ●○▲△▽ 666
- ●○▲△ 321
- ○△ 304
- ●○▲△ 498
- ○△ 816
- ●○▲△ 815
- ●○▲△▽ 814

**3**
- ○△ 819
- ●○▲△▽ 818
- ●○▲△ 776
- ○▲△ 3326
- ●○▲△ 899
- ○▲△ 335
- ●○▲△ 309
- ○ 326
- ○ 3354
- 3733
- ○ 3731
- ○ 3350
- ●○▲△▽ 3689
- ○▲△ 3688
- ●○▲△ 3687
- [3803]
- ●○△ 3685

**4**
- [3806]
- [3805]
- [3804]
- ●○▲△ 605
- ○▲△ 604
- ●○△ 603
- ○▲△ 602
- ●○▲△ 601
- ○△ 600
- 3609
- 3608
- 3607
- ●△ 718
- 917
- ●○△ 915

**5**
- ●○△▽ 225
- ●○△▽ 224
- ●○△▽ 223
- 3722
- 3721
- ●○ 221
- ○△▽ 778
- 3727
- ○△▽ 316
- 3726
- ○△ 315
- [3802]
- ●○▲△ 902
- ▲△▽ 3743
- ○△▽ 3042
- ○△ 3041
- 3740

**6**
- ●○▲△ 554
- ●○▲△ 553
- ●○▲△ 552
- ●○▲△ 550
- ●○▲△▽ 211
- ●○▲△ 210
- ○▲△ 209
- ●○▲△ 208
- ○ 327
- 3747
- ○△ 341
- ○△ 340
- 3746
- ○△ 333

**7**
- ○▲△ 794
- ○ 793
- [3807]
- ○ 792
- ○ 791
- ●○▲△ 800
- ○▲△ 809
- ●○▲△ 799
- ●○▲△ 798
- ●○▲△ 797
- ●○▲△ 796
- ○△ 820
- ▲△▽ 3753
- 3752
- ●○▲△▽ 932
- ○▲△▽ 931
- ●○▲△ 930
- 3750

**8**
- 3756
- ○ 775
- ●○▲△ 3325
- 3755
- ○▲△ 334
- ●○△ 322
- ○▲ 312
- ○△ 311
- ●○▲ 336
- ●○▲△ 823
- ○ 939
- ●○△ 828
- ●○▲△ 827
- ●○▲△ 813
- ●○△ 826
- ○△ 825
- ○ 824

**9**
- 3761
- ●○▲△ 519
- ●○▲△ 518
- 3760
- ○△ 517
- ●○▲△ 996
- ●○▲△ 995
- ●○▲△ 747
- 3766
- ●○ 807
- ●○△ 806
- 3765
- [3811]
- ●○ 598
- ●○ 597
- [3810]
- [3809]
- [3808]

**10**
- 964
- ○△ 959
- 958
- [3812]
- ●○▲△ 943
- ●○▲△ 993
- ○ 992
- ○△ [3814]
- ●○△ 991
- ●○△▽ 928
- ●○△▽ 927
- 926
- ●○ 3768
- ●○ 924
- [3817]
- [3816]
- [3815]

**11**
- ●○△▽ 504
- [3813]
- ○△▽ 503
- ●○ 502
- ●○ 501
- ●○ 500
- 564
- 563
- 562
- 561
- ●○△ 955
- ○▲△ 954
- ●○△ 913
- ○△ 912
- ●○▲△ 911
- ○ 910
- ●○▲△ 909
- [3818]

**12**
- ○ 966
- ○△ 369
- ●○▲△ 368
- ●○▲△ 320
- ○▲△ 367
- ○▲△ 319
- ●○▲△ 890
- ●○ 989
- ○ 988
- ●○ 987
- ○ 986
- 772
- ●○▲△ 3348
- ●○▲△ 3347
- ●○▲△ 3346
- ●○▲△ 3345
- ○▲ 895

**13**
- ▲△▽ 524
- 523
- 522
- 520
- ○ 3053
- ○ 3052
- ○ 3051
- 3364
- 3363
- 3362
- ●○ 472
- ●○△ 471
- ●○ 470
- ●○△ 469
- ●○▲△ 937
- ○ 936
- ○ 935
- ○ 934

**14**
- ○△ 704
- ●○▲△ 703
- ●○▲△ 702
- ●○▲△ 701
- ●○▲△ 700
- ●○▲△▽ 699
- ●○△ 907
- ○▲△ 906
- ●○▲△ 905
- ●○▲△ 904
- [3819]
- ●○△ 581
- ●○△ 580
- ●○ 734
- ○ 733
- ●○ 732
- 731
- ●○ 730

**15**
- ○ 3013
- ●○ 3012
- ●○△ 3011
- 372
- 371
- 370
- ●○ 834
- 833
- ●○ 832
- 831
- ○ 830
- ●○ 829
- ○△ 613
- ○ 612
- ○ 611
- ○ 610

**16**
- ○ 3047
- ●○ 3046
- ●○ 3045
- ○△ 422
- [3828]
- ○ 420
- ○ 869
- ●○▲△ 783
- ●○△ 782
- ○△ 781
- ●○△ 780
- ●○ 746
- ●○ 677
- ●○△▽ 676
- ●○ 729
- 680
- [3829]

**17**
- [3822]
- [3821]
- [3820]
- ●○▲△ 445
- ●○△ 307
- ●○▲△ 444
- ○ 3078
- ●○△ 727
- ●○△ 726
- ●○▲△ 725
- ▲△▽ [3823]
- ●○▲△ 745
- ●○▲△ 744
- ●○▲△ 743
- ●○▲△ 742
- ○△ 741
- ●○▲△ 740

**18**
- ●○▲△ 973
- ●○▲△ 972
- ●○ 971
- 970
- ●○▲△ 947
- ○▲△ 946
- ●○△ 900
- ●○△ 608
- ●○△ 606
- [3824]
- 3341
- 3340
- [3825]
- 722
- 721
- 720

**19**
- ●○▲△ 922
- ○ 921
- ●○▲△ 920
- ●○▲△ 919
- ●○△ 918
- ●○△ 402
- 3776
- ●○△ 301
- ○ 400
- ●○△ 300
- [3827]
- ●○ 977
- ●○ 976
- [3826]
- ●○ 975

**20**
- 3770
- ●○ 951
- ●○△ 945
- 3774
- ●○△▽ 950
- 3773
- 3064
- ●○ 407
- 3772
- ●○ 632
- 3779
- ●○△▽ 758
- 3778
- ●○△▽ 356
- [3830]
- ●○△ 355
- 3777

**21**
- ●○▲△▽ 712
- ●○▲△ 739
- ●○▲△ 738
- ●○△▽ 437
- ●○▲△ 436
- ○▲△ 435
- ●○▲△ 434
- ●○▲△ 433
- ●○▲△ 801
- ●○▲△ 898
- ●○▲△ 938
- ○ 3371
- ○ 543
- ●○▲△▽ 842
- ●○△ 841
- ●○△ 840
- ○ 839
- ●○ 838

**22**
- ●○▲△▽ B5200
- ●○▲△▽ BLANC
- ●○▲△▽ ECRU
- ○ 3024
- 3023
- ○ 3022
- 3787
- ○ 3021
- ●○▲△ 822
- ●○▲△▽ 644
- ●○▲△▽ 642
- ●○▲△▽ 640
- 3790
- ○△▽ 3033
- 3782
- 3032
- 3781
- 3031

**23**
- ○ 453
- 452
- ○ 451
- 535
- ○ 3072
- ○ 648
- ○ 647
- ○ 646
- ○ 645
- ○ 844
- ●○▲△ 762
- ●○▲△▽ 415
- ●○▲△ 318
- ●○▲△ 414
- ○ 317
- ●○△ 413
- 3799
- ●○▲△▽ 310

**24**
- ○△ 48
- △ 116
- △ 62
- △ 112
- ○△ 107
- ○△ 57
- △ 75
- ○△ 115
- ○△ 99
- ○△ 95
- △ 126
- ○△ 52
- △ 102

**25**
- 124
- ○△ 93
- 113
- ○△ 121
- 103
- △ 67
- ○△ 91
- △ 123
- △ 125
- ○ 101
- △ 114
- ○△ 122
- ○△ 92

**26**
- △ 94
- ○△ 104
- ○△ 90
- ○ 108
- ○△ 51
- △ 106
- △ 111
- ○△ 61
- ○△ 105
- △ 69
- ○△ 53

# Table des matières

# *Collection « Arts d'intérieurs »*

L'Art du papier mâché
*par Juliet Bawden*

L'Ébéniste restaurateur
*par François Germond*

Peindre ses meubles
*par Jocasta Innes*

La Couleur dans la décoration
*par Tricia Guild*

Encyclopédie des ouvrages de dames
*par Thérèse de Dillmont*

Décor sur porcelaine
Les motifs de Meissen
*par Uwe Geissler*

Les Petits Points de Casa Lopez
*par Sophie Pelletier et Bernard Magniant-Lopez*

Quilts et Patchworks
*par Linda Seward*

Peindre son intérieur
*par Judith et Martin Miller*

Le Pochoir. Technique et motifs
*par Benita Kusel*

Le Cristal et l'Orfèvrerie
*par Roland Barois, Jacques Mouclier et Marc de Ferrière*

La Broderie
*par Pascal Payen-Appenzeller*

Motifs à découper
*par Belinda Ballantine*

Broderies romantiques des quatre saisons
*par Elizabeth Bradley*

La Restauration de la faience et de la porcelaine
*par Guy Sarrauste de Menthière et Frédérique Citéra*

Bouquets d'aujourd'hui
*par Paula Pryke*

Décor sur porcelaine. Motifs de l'Orient
*par Dony Karandjoulov-Alexiev*

Motifs à broder du Moyen Âge
*par Candace Bahouth*

Tricia Guild. Une décoration naturelle
*par Nonie Niesewand et Gilles de Chabaneix*

Broder le linge de maison
Les créations D. Porthault
*par Églé Salvy*

Abat-jour
*par Amelia Saint-George*

Décorer les tissus
*par Juliet Bawden*

Quilts des quatre saisons
*par Linda Seward*

Le Patchwork
*par Diana Lodge*

Le Point de croix
*par Katrin Cargill*

Motifs à broder folkloriques
*par Mary Norden*

Décorez votre table
*par Pamela Westland*

Tables de fête
*par Amelia Saint-George*

Décorer sa maison
*par Miranda Innes*

Les Quilts
*par Diana Lodge*

La Broderie à la main
*par Katrin Cargill*

La Couture dans la maison
*par Marie Gouny*

Cours de broderie à la main
*par Yvonne Van de Velde-Malbranche*
*et Christine Rosenthal*

Décorer au pochoir
*par Tony Roche*
*et Patricia Monahan*

Tables de charme
*par Inès Heugel*
*et Pascale Chastres*

Tableaux en patchwork
*par Janet Bolton*

Mini-quilts
*par Adele Corcoran*
*et Caroline Wilkinson*

Le Découpage
*par Jocasta Innes et Stewart Walton*

Motifs pour peindre les meubles
*par Belinda Ballantine*

Compositions florales
*par Paula Pryke*

Broder au point de croix
*par Catherine Allègre-Papadacci*

Coussins en tapisserie
*par Hugh Ehrman*

Tableaux en quilt
*par Mary Clare Clark*

Des idées en papier
*par Amelia Saint-George*

Pochoirs : cuisine et coin-repas
*par Amelia Saint-George*

Bestiaire à broder
*par Elizabeth Bradley*

Habillez vos fenêtres
*par Marie Gouny*

Décors de Noël
*par Amelia Saint-George*

Canevas romantiques
*par Candace Bahouth*

Chiffrer le linge de maison
Créations D. Porthault
*par Églé Salvy*

Intérieurs de charme
*par Kaffe Fassett*

Le Livre du canevas
*par Jill Gordon*

Rubans de soie
*par Sheena Cable*

Cadres de charme
*par Maryvonne Le Chevalier*

Cadeaux au point de croix
*par Chris Timms*

Découpage fleuri
*par Jocasta Innes et Stewart Walton*

Tables fleuries
*par Shane Connolly*

Coudre des rubans
*par Deena Beverley*

Les Petits Points
*par Anna Pearson*

Patchwork dans un verger
*par Janet Bolton*

Décors de table
*par Margaret Caselton*

Si vous souhaitez recevoir notre catalogue
et être tenu au courant de nos publications,
envoyez-nous vos nom et adresse
en citant ce livre

**Arts d'intérieurs-Armand Colin**
**12, avenue d'Italie**
**75013 Paris**

Conception graphique et illustrations au trait : Alexandra Metz
Photogravure : Arciel Graphic, Paris
Imprimé et relié en France par Mame, Tours
Achevé d'imprimer en mars 1997
Dépôt légal : 2e trimestre 1997
1re édition